kunterbuntes
Wachstuch

**Genial einfache Projekte
zum Nähen, Schneidern, Dekorieren**

ELSE ÖSTERBERG
Fotos: CAMILLA ARVIDSSON

Herausgegeben 2011 von Ica Bokförlag, Forma Books AB
Originaltitel Sy i vaxduk

© 2011 by Else Österberg, Camilla Arvidsson und Ica Bokförlag, Forma Books AB

© Deutsche Ausgabe
  LV·Buch im Landwirtschaftsverlag GmbH, 48084 Münster, 2012

Übersetzung: Vera Ustinov, Münster, www.ustinov-translations.de

Text: Else Österberg, Camilla Arvidsson

Fotos: Camilla Arvidsson, (Porträtfoto S. 7 Alice Österberg)

Redaktion: Maria Ramden

Gestaltung: Camilla Arvidsson

Titelgestaltung: Monika Wagenhäuser, LV·Buch

ISBN 978-3-7843-5214-5

Inhalt

„Das kann doch nicht so schwer sein ..."

Nähen hat mir schon immer Spaß gemacht, komplizierte Anleitungen dagegen weniger. Schnittmuster millimetergenau abpausen? Jede Menge Nähte abstecken? Das war noch nie etwas für mich. Wachstuch dagegen lässt sich wunderbar leicht verarbeiten – die beste Voraussetzung für ungebremsten Nähspaß.

Als ich sechs Jahre alt war, zeigte mir die Nachbarin, wie man eine Nähmaschine bedient. Bald darauf hielt dieses tolle Gerät auch bei uns zuhause Einzug, und ich konnte nähen, wann immer ich wollte.

Nach der Scheidung meiner Eltern zogen wir mit meiner Oma zusammen, ihres Zeichens begnadete Näherin. In ihrer Küche nähten und webten wir, was das Zeug hielt. Der Nähmaschine bin ich seither treu geblieben, wobei mir Perfektion nie so wichtig war wie der Spaß am Schaffen.

Während meiner Ausbildung zur Dekorateurin lernte ich Camilla kennen, und wir gründeten eine Mini-WG. Da saßen wir – weit weg von zuhause, ohne Fernseher und knapp bei Kasse. Aber Camilla teilte meine Freude am Nähen und steckte voller Ideen. Also nutzten wir unser Kapital und nähten alles, was uns in den Sinn kam. Mit einfachen Mitteln, ganz viel Fantasie und jeder Menge Spaß. Einmal machten wir die Nacht zum Tag und nähten kleine Püppchen für unsere Mitauszubildenden, jedes in einem anderen Look.

Camilla wurde später Grafikdesignerin und Fotografin, ich ging als Stylistin in die Modebranche. Dass wir mit diesem Buch nach all den Jahren wieder ein gemeinsames Projekt umgesetzt haben, freut mich sehr. Mit einfachen Mitteln, ganz viel Fantasie und natürlich jeder Menge Spaß!

Mit Wachstuch arbeite ich seit vielen Jahren. Ich weiß noch, wie die Küchenbank in unserer ersten Wohnung mit ihrem gepunkteten Bezug auf einmal so viel fröhlicher aussah. Und so sorgt schon das quirlige Leben in einer großen Familie für immer neue Ideen.

„Das kann doch nicht so schwer sein …", denke ich immer, bevor ich loslege. Wobei es vielleicht ein wenig voreilig war, den Kinderwagen neu beziehen zu wollen. Zum fünften Mal hochschwanger, um mich herum der zerlegte Wagen – ob das jetzt eine gute Idee war? Aber viel Geduld und ein wunderbarer Ehemann, der alle Einzelteile wieder richtig herum zusammenbaute, machten den Wagen gerade noch rechtzeitig startklar. Zum Glück – denn sonst hätte ich nicht erlebt, wie ein so lustig-farbenfrohes Gefährt ein Lächeln ins Gesicht der Mitmenschen zaubern kann.

Else

Else Österberg und Camilla Arvidsson

Ein paar Tipps vorab

Wachstuch kennen wir vor allem als Tischdecke – dabei lässt sich daraus so viel mehr machen. Es wird in allen Preisklassen angeboten und leuchtet oft in den schönsten Farben und Mustern. Nehmen Sie immer ein Wachstuch, das sich für den gewünschten Zweck eignet. Festes Tuch ist z. B. ideal für Utensilos oder Übertöpfe. Aus weicherem Tuch lassen sich gut Schürzen, Necessaires, Beutel und Sitzkissen nähen. Nehmen Sie hierfür am besten ein Tuch, das Sie in der Maschine waschen können. Befolgen Sie die Waschanleitung und benutzen Sie keinen Weichspüler. Wachstuch kann etwas knittern, aber manche Tuche lassen sich von links bügeln.

Durchsichtiges Wachstuch ist am laufenden Meter, in unterschiedlichen Qualitäten und uni oder gemustert erhältlich. Für Details an Taschen oder Utensilos eignen sich auch fertige Kunststoffbeutel, die Sie im Schreibwarenhandel bekommen.

Das Schönste am Arbeiten mit Wachstuch ist, dass kein Versäubern nötig ist: Schneiden Sie einfach die Teile zu und nähen Sie drauflos. Anders als Stecknadeln hinterlässt doppelseitiges Klebeband keine Löcher. Damit lassen sich die Teile bei Bedarf auch leichter verschieben.

Glattes Wachstuch ist leichter zu verarbeiten als mattes. Letzteres müssen Sie manchmal vielleicht vorsichtig unter der Nadel herziehen. Alle Werke in diesem Buch sind auf meiner alten und sehr einfachen Nähmaschine entstanden – mit einem normalen Nähfuß, Standardnadeln und Baumwoll/Polyester-Faden. Wer mag, kann natürlich spezielles Zubehör verwenden, wie z. B. Gleitfuß, Saumfalter oder verschiedene Nadeln. Ich finde aber, dass Nähen möglichst einfach und preisgünstig sein sollte. Und für die meisten Objekte reicht eine normale Nähmaschine völlig aus.

Bei mattem Wachstuch ist es manchmal schwierig, eine schöne gerade Naht zu nähen. An sichtbaren Stellen können Zickzacknähte daher die bessere Wahl sein. Grundsätzlich habe ich mit geraden Nähten gearbeitet; anderenfalls enthalten die Anleitungen einen ausdrücklichen Hinweis.

Für die meisten Projekte in diesem Buch habe ich Maße angegeben, die vor allem als Richtwerte zu verstehen sind. Ihr Stück Wachstuch ist etwas kleiner? Dann wird eben auch Ihr Objekt etwas kleiner. Ösen sind Ihnen zu kompliziert? Nähen Sie stattdessen Ringe an. Sie haben gerade keine Druckknöpfe zur Hand? Ein aufgenähtes Stück Klettband funktioniert genauso gut. Ganz hinten im Buch sind einige ausgewählte Arbeitsschritte detailliert beschrieben.

Perfektion ist nicht das Maß aller Dinge – Hauptsache, Sie haben Freude am Schaffen. Schwelgen Sie in der Vielfalt der Farben und Muster. Greifen Sie zu Schere und Nähmaschine und bereichern auch Sie Ihr Zuhause mit einem fröhlich-bunten Allerlei aus Wachstuch.

Viel Spaß!

Kleine Taschen für die Kleinsten

Taschen und Täschchen kann man nie genug haben – das gilt besonders für die Kleinsten. Ob geblümt, gestreift oder uni, mit kurzen oder langen Griffen, mit oder ohne Außenfach: Alles ist möglich. Für eine solche Tasche brauchen Sie nicht viel Material – vielleicht haben Sie ja ein passendes Reststück zur Hand.

So wird's gemacht

1. Ein Stück Wachstuch à 22 x 45 cm zuschneiden.
2. Das Wachstuch rechts auf rechts zur Hälfte falten. Die beiden Längskanten mit 1 cm Nahtzugabe zusammennähen.
3. Auf rechts wenden. Den oberen Rand 1,5 cm umschlagen und rundum absteppen.
4. Zwei Stücke Wachstuch à 8 x 34 cm zuschneiden. Zwei Griffe nähen, siehe Beschreibung auf Seite 120.

Tipp

Auf der nächsten Doppelseite finden Sie die Anleitung für eine Tasche, wie sie ganz rechts im Bild zu sehen ist. Mit einem Druckknopf zwischen den Griffen lässt sich die Tasche leicht schließen.

Kindertasche mit Bild

Zum zweiten Geburtstag wollte ich meiner Tochter eine Tasche schenken, die genau zu ihr passt. Eine Tasche, die ein Kleinkind leicht erkennen und bequem tragen kann. Auch ein Bild vom Lieblingstier macht die Tasche unverwechselbar.

So wird's gemacht

1. Zuerst die Außentasche: Ein Stück farbiges (18 x 18 cm) und ein Stück durchsichtiges Wachstuch (12 x 12 cm) zuschneiden.
2. Die Außentasche nähen, siehe Beschreibung auf Seite 114.
3. Für die eigentliche Tasche ein Stück Wachstuch à 28 x 60 cm zuschneiden.
4. Ausmessen, wo die Außentasche aufgenäht werden soll.
5. Die Außentasche an den Seiten, die bis jetzt nur eine Naht aufweisen, 2-3 mm vom Rand entfernt auf das große Stück Wachstuch steppen.
6. Das Wachstuch rechts auf rechts zur Hälfte falten. Die Längsseiten mit 1 cm Nahtzugabe zusammennähen.
7. Die Ecken abnähen, siehe Beschreibung auf Seite 112.
8. Den oberen Rand rundum 2 cm einschlagen und 5 mm von der Kante entfernt absteppen. Eine zweite Steppnaht im Abstand von 1 cm zur ersten sorgt für einen besonders schönen Kantenabschluss.
9. Die Griffe annähen, siehe Beschreibung auf Seite 120.
10. Zu guter Letzt ein hübsches Bild aussuchen und in das Fach stecken.

Bunte Wimpelkette

Ob im Garten oder über dem Esstisch – mit einer Wimpelkette wecken Sie immer und überall Feierlaune. Sie ist kinderleicht zu nähen und lässt sich wunderbar aus bunten Resten zusammenstellen.

So wird's gemacht

1. Aus Pappe eine Schablone ausschneiden. Meine ist oben 20 cm breit (Faltkante) und bis zur Spitze 25 cm lang (siehe Skizze).
2. Das Wachstuch zur Hälfte falten. Die Wimpel mit der Schablone so aufzeichnen, dass die Faltkante die Grundlinie des Dreiecks bildet. Der fertige Wimpel besteht dann aus zwei Lagen, zwischen denen das Aufhängeband liegt.
3. Die gewünschte Anzahl Wimpel zuschneiden. Für die Kette auf dem Foto habe ich 8 Wimpel in 2 Farben gemacht, insgesamt also 16.
4. Die Wimpel links auf links in der Mitte falten. An der Faltkante ein Baumwollband zwischen die beiden Lagen legen. Die beiden Wimpellagen von rechts rundum möglichst kantennah zusammensteppen.
5. Auf diese Weise alle Wimpel im Abstand von ca. 15 cm am Baumwollband festnähen. Rechts und links ca. 1 Meter Band zum Aufhängen überstehen lassen.

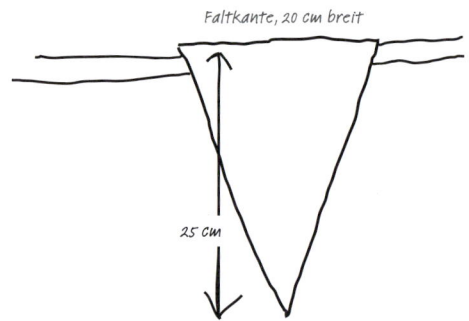

Faltkante, 20 cm breit

25 cm

Sitzkissen

So ein gemütliches Sitzkissen ist im Handumdrehen selbst gemacht. Im Prinzip nähen Sie dafür einfach einen Kissenbezug. Und können es sich dann auf der Terrasse, auf dem Bootssteg oder im grünen Gras so richtig bequem machen. Perfekt zum Rundum-Relaxen: denn auch eine Nacht im Freien stecken diese Kissen locker weg.

So wird's gemacht

1. Ein fertiges Sitzkissen kaufen oder aus einer Schaumstoffauflage ein passendes Stück ausschneiden.
2. Das Schaumstoffstück als Vorlage benutzen und ein doppelt so großes Stück Wachstuch zuschneiden. Dabei an drei Seiten 2 cm als Nahtzugabe und an einer Seite 15 cm als Einschlag zugeben. Siehe Beschreibung auf Seite 118.

Tipp

Nähen Sie an einer Ecke des Kissens einen Ring an. Damit können Sie Ihre Sitzkissen z. B. an einem Haken auf der Terrasse aufhängen.

Wäscheschürze

Mit fünf Kindern hat man einiges zu waschen. Eigentlich eine ganz angenehme Arbeit – besonders, wenn die Wäsche bei schönem Wetter an die frische Luft kann. Und in dieser praktischen Schürze immer genug Klammern zur Hand sind. Da packen sogar die Kinder gerne mal mit an.

So wird's gemacht

1. Ein Stück Wachstuch à 37 x 80 cm zuschneiden.
2. An der oberen langen Seite die Mitte sowie beidseits der Mitte 5, 10 und 15 cm markieren.
3. Mithilfe der Markierungen beidseits der Mitte je eine 5 cm breite Falte legen (siehe Skizze).
4. Die Falten möglichst kantennah festnähen.
5. Die kurzen Seiten säumen: 1 cm einschlagen und absteppen.
6. Für die Taschen zwei Stücke Wachstuch à 26 x 23 cm zuschneiden, gerne andersfarbig oder anders gemustert.
7. Eine lange Seite der Taschen säumen. Die kurzen Seiten einschlagen und mit doppelseitigem Klebeband fixieren.
8. Für die Falten bei 4 und 8 cm von beiden Seitenrändern der Taschen Markierungen anlegen. Falten nähen, siehe Beschreibung auf Seite 116.
9. Eine Seite der Tasche 3 cm vom Schürzenrand entfernt auf die Schürze nähen. Der untere Taschenrand wird beim Steppen des Schürzensaums festgenäht. Danach den anderen Seitenrand der Tasche annähen. Die zweite Tasche genauso aufsteppen.
10. Den unteren Rand von Schürze und Taschen 1,5 cm einschlagen. 1 cm von der Kante entfernt absteppen.
11. Den Bund zuschneiden: 8 cm hoch und etwa so breit wie die Schürze (der Bund auf dem Foto ist auf beiden Seiten 2 cm schmaler).
12. Den Bund rundum 1 cm einschlagen. Die Oberkante der Schürze mit dem Bund einfassen und möglichst kantennah absteppen.
13. Beim Absteppen der kurzen Bundkanten ein Baumwollband annähen. Oder ein Band einziehen.

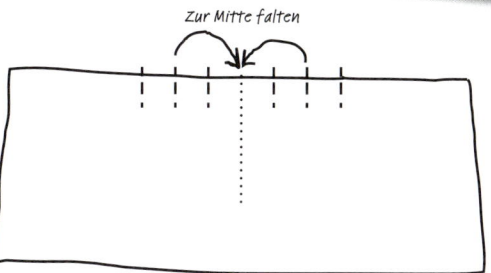

Zur Mitte falten

Tasche mit Außenfach

Diese Tasche für alle Lebenslagen können Sie im Prinzip genauso groß oder klein anfertigen, wie Sie es gerne hätten. Besonders schön wird sie aus bunt gestreiftem oder einfarbig glänzendem Wachstuch.

So wird's gemacht

1. Das Wachstuch in der Mitte falten. So auf die gewünschte Größe zuschneiden, dass die Faltkante den Taschenboden bildet. Die Tasche auf dem Foto habe ich aus einem 40 x 100 cm großen Stück genäht (einschließlich Nahtzugaben).
2. Das Außenfach zuschneiden (hier 25 x 25 cm).
3. Alle Seiten des Außenfachs 1 cm einschlagen und 8 mm vom Rand entfernt absteppen.
4. An der Oberkante des Fachs 3 mm vom Rand entfernt eine zweite Naht nähen.
5. Das Fach an den drei anderen Seiten 3 mm vom Rand entfernt auf die Tasche nähen. So erhalten Sie eine schöne umlaufende Doppelnaht.
6. Die langen Seiten rechts auf rechts mit ca. 1 cm Nahtzugabe zusammennähen.
7. Die Ecken abnähen, siehe Beschreibung auf Seite 112. Auf rechts wenden.
8. Für die Griffe zwei Streifen à 50 x 8 cm zuschneiden. Die Griffe nähen, siehe Beschreibung auf Seite 120.
9. Den oberen Rand 3 cm einschlagen und rundum absteppen.
10. Die Griffe 12 cm von den Seitennähten entfernt annähen, siehe Beschreibung auf Seite 120.

Tipp

Unterschiedliche Muster auf Tasche und Fach können ein besonderer Clou sein. Hier ließen wir die Streifen einmal längs und einmal quer verlaufen.

Utensilo für den Garten

Ob hinter der Tür oder für jedermann sichtbar – dieses Utensilo für Samentütchen und Gartenhelfer sorgt für Ordnung und schafft ein tolles Ambiente. Nähen Sie es nach den Angaben oder mit Maßen und Fächern ganz nach Bedarf.

So wird's gemacht

1. Aus dickem Wachstuch ein Stück à 50 x 70 cm für die Rückwand zuschneiden.
2. Für die Fächer zwei Stücke à 25 x 50 cm zuschneiden. Eines davon halbieren.
3. Zuerst die zwei unteren Fächer nähen: Den oberen Rand 1 cm einschlagen und absteppen. Mit dem zweiten Fach ebenso verfahren. Beide Seitenränder 4 cm nach innen umschlagen und möglichst kantennah absteppen (siehe Beschreibung auf Seite 115).

4. Den oberen Rand des großen Fachs 1 cm einschlagen und absteppen.
5. Zwei durchsichtige Fächer à 16 x 21 cm auf das große Fach nähen. Durchsichtiges Wachstuch oder fertige Plastikfächer verwenden. Eine Seite zum Hineinstecken von z. B. Samentütchen offen lassen.
6. Die Fächer zuerst an den Seiten annähen, dabei unten beginnen. Eines der kleinen Fächer kantengleich auf das Rückenteil legen. 5 mm vom Rand entfernt absteppen.
7. Das große Fach 5,5 cm über dem kleineren aufsteppen. Auf der anderen Seite ebenso vorgehen.
8. Aus 2 cm breitem Gummiband 4 Stücke à 18 cm zuschneiden.
9. Beim Aufsteppen der inneren Seitenränder der kleinen Fächer im Abstand von 3 cm die Bänder annähen.
10. An jeder unteren Ecke der Fächer eine Falte legen. Die untere Kante der Fächer 5 mm vom Rand entfernt auf die Rückwand nähen, siehe Beschreibung auf Seite 115.
11. Die untere Kante des großen Fachs 5 mm vom Rand entfernt auf die Rückwand nähen.
12. Die obere Kante der Rückwand 6 cm umklappen und absteppen.
13. Zwei Ösen einschlagen, siehe Beschreibung auf Seite 123.

Tipp

Machen Sie es sich beim Gärtnern oder mit Ihrem Kaffee gemütlich: Am schönsten auf einem Sitzkissen, das Sie mit passendem Wachstuch bezogen haben, siehe Seite 16.

Übertopf mit Henkeln

Kleiden Sie Ihre Topfpflanzen doch mal ganz neu ein – mit fröhlich buntem Wachstuch. An den Henkeln können Sie Ihre Schützlinge bei Bedarf mühelos umsetzen. Dickeres Wachstuch verträgt die Feuchtigkeit besser und eignet sich daher besonders gut.

So wird's gemacht

1. Einen möglichst geraden Blumentopf oder Eimer umdrehen und die Bodenfläche auf die Rückseite des Wachstuchs zeichnen. Damit der Übertopf nicht zu eng wird, rundum mindestens 5 cm zugeben. Ausschneiden.
2. Den Umfang des ausgeschnittenen Bodens messen. 10 cm als Nahtzugabe und Fehlerreserve zugeben. Bei Bedarf lieber später noch ein Stück abschneiden.
3. Die Höhe des Blumentopfs messen. 10 cm zum Umschlagen zugeben; dies macht den Rand stabiler.
4. Ein Stück Wachstuch mit den genommenen Maßen zuschneiden.
5. Die Teile rechts auf rechts mit 1 cm Nahtzugabe zusammennähen, siehe Beschreibung auf Seite 119.
6. Auf rechts wenden. Den Rand 5 cm einschlagen und rundum absteppen.
7. Die Henkel nähen und befestigen, siehe Beschreibung auf Seite 120.

Fahrradsattelbezug

Mit einem bunten Überzug für den Fahrradsattel sitzen Sie immer schön auf dem Trockenen. Er ist nicht schwer zu nähen – da es bei Fahrradsätteln aber offenbar keine Einheitsgrößen gibt, sollten Sie jeden Sattel einzeln abzeichnen.

So wird's gemacht

1. Butterbrotpapier auf den Sattel legen und die Konturen abzeichnen. Das ist etwas umständlich, muss aber nicht auf den Millimeter genau sein. Die Schablone ausschneiden.
2. Die Papierschablone von links auf das Wachstuch legen. Mit 1 cm Nahtzugabe abzeichnen und ausschneiden.
3. Einen langen und je nach Höhe des Sattels zwischen 7 und 10 cm breiten Streifen ausschneiden. Mit einem Maßband den Umfang des Sattels messen (= Länge des Streifens). Ruhig 10 cm zugeben, damit der Streifen auch wirklich ganz herum reicht.
4. Den Streifen mit einer langen Seite annähen und dabei hinten in der Mitte beginnen. Beide Teile rechts auf rechts zusammennähen.
5. Eine kurze Seite des Streifens umschlagen und von rechts absteppen, siehe Beschreibung auf Seite 119.
6. Am unteren Rand des Streifens von innen mit Zickzackstich ein Gummiband annähen und dieses beim Annähen spannen.
7. Das Gummiband beim Annähen ca. 1 cm überlappen lassen. Danach überschüssiges Gummiband abschneiden.

Tipp

Nähen Sie den Überzug aus dem gleichen Wachstuch oder aus Teilen in verschiedenen Farben – beides hat seinen Reiz.

Regenschutz für den Fahrradkorb

Mit diesem praktischen Regenschutz für Ihren Fahrradkorb kann Sie auch ein plötzlicher Schauer nicht schrecken. Besonders schön wird es, wenn Sie Korb und Sattel mit dem gleichen farbenfrohen Tuch einkleiden.

So wird's gemacht

1. Den Fahrradkorb kopfüber auf die Rückseite des Wachstuchs stellen und die Kontur nachzeichnen. 5 cm zugeben und ausschneiden.
2. Mit Zickzackstich rundum ein 10 mm breites Gummiband auf die linke Tuchseite nähen. Die Naht möglichst kantennah setzen. Mit langen Stichen nähen und das Gummiband beim Annähen spannen.
3. Das Gummiband so annähen, dass Anfang und Ende etwas überlappen. Danach überstehendes Gummiband abschneiden.
Fertig!

Schuhbeutel

In London habe ich einmal ein Paar Stiefel gekauft, die in einem superpraktischen Beutel verpackt waren. Das kann ich auch, dachte ich mir, und nähte ihn aus dünnem Wachstuch nach: Das Ergebnis war ein flexibler Beutel, der sich bequem im Koffer verstauen lässt.

So wird's gemacht

1. Ein Stück Wachstuch à 43 x 105 cm zuschneiden.
2. Rechts auf rechts zur Hälfte falten (die Faltkante bildet den Boden des Beutels).
3. Bei 12 cm über der Faltkante eine Markierung anlegen. Das Wachstuch auf beiden Seiten bis zur Markierung umklappen, siehe Seite 113.
4. Die beiden langen Seiten mit 1 cm Nahtzugabe rechts auf rechts zusammennähen. Auf rechts wenden.
5. Oben an einer Seitennaht Markierungen für die Ösen anlegen: 7 cm vom oberen Rand und 2 cm von der Seitennaht entfernt.
6. Oben rechts und links der Naht je eine Öse einschlagen. Ein zusätzliches Stück Wachstuch sorgt dabei für mehr Stabilität, siehe Seite 123.
7. Den oberen Rand 5 cm einschlagen und rundum ca. 0,5 cm von der Kante entfernt absteppen. Bei dünnem Wachstuch macht sich ein Zickzackstich besonders gut.
8. Den Beutel flach hinlegen und auf der gleichen Seite wie oben eine Öse in die untere Ecke einschlagen (mit 2,5 cm Abstand zu beiden Kanten).
9. Durch die Ösen ein 160 cm langes Baumwollband in den Tunnel einziehen. Das Band durch die untere Öse ziehen und die Enden zusammenknoten.

Schürze mit aufgesetzter Tasche

Bei diesem Modell mit praktischer Tasche sind sogar die Schleifenbänder aus Wachstuch. So lassen sich alle Spuren kreativen Schaffens ruck, zuck mit einem feuchten Lappen abwischen.

So wird's gemacht

1. Die Vorlage auf Seite 124 abzeichnen oder eine alte Schürze als Schablone benutzen.
2. Das Wachstuch mit 1 cm Nahtzugabe zuschneiden.
3. Die Tasche in der gewünschten Größe zuschneiden. Die Tasche auf dem Foto ist ca. 20 x 25 cm groß.
4. Alle Seiten der Tasche 1 cm einschlagen und 8 mm vom Rand entfernt absteppen.
5. Am oberen Rand der Tasche 3 mm vom Rand entfernt eine zweite Naht nähen.
6. Die Tasche an den drei anderen Seiten 3 mm vom Rand entfernt auf die Schürze nähen. So erhalten Sie eine schöne umlaufende Doppelnaht.
7. Die Schürze säumen: 1 cm umschlagen und absteppen.
8. Für die Schleifenbänder zwei Streifen à 50 x 8 cm zuschneiden. Die Bänder nähen, siehe Seite 121.
9. Einen Streifen à 45 x 8 cm zuschneiden und auf die gleiche Weise das Band für den Hals nähen.
10. Die Schleifenbänder an den Seiten annähen.
11. Das Band für den Hals nur an einer Seite annähen. Am anderen Ende des Bands und an der Schürze je ein Stück Klettband annähen. So braucht die Schürze weder über den Kopf gezogen noch im Nacken geknotet zu werden.

Tipp

Natürlich können Sie auch fertige Baumwollbänder nehmen. In diesem Fall sind 3 cm eine angenehme Breite.

Arbeitsplatte für die Gartenküche

Unsere Gartenküche ist sehr einfach gestrickt. Die Basis bildet ein alter Küchenschrank ohne Türen – also nähte ich einen Vorhang aus Wachstuch. Als Arbeitsplatte nahmen wir eine zurechtgesägte Sperrholzplatte, die von mir einen weißen Bezug aus dickem Wachstuch bekam. Dieser lässt sich prima abwischen. Und problemlos austauschen, falls er uns irgendwann nicht mehr gefällt.

So wird's gemacht

1. Die Platte mit der Oberseite nach unten auf die Rückseite des Wachstuchs legen.
2. Das Wachstuch mit 5 cm Zugabe (bei dicken Platten etwas mehr) zuschneiden. Zum Tackern muss das Wachstuch mit ein paar Zentimetern auf der Rückseite aufliegen.
3. Das Wachstuch mit einem Tacker an die Platte heften. Zunächst die Mitte der beiden langen und dann die Mitte der beiden kurzen Seiten befestigen, damit das Wachstuch gleichmäßig gespannt wird. Danach in Richtung der Ecken fortfahren. Achtung: Wachstuch kann manchmal ein wenig störrisch sein.
4. Zuletzt die Ecken umschlagen und antackern. Vorhang für die Gartenküche, siehe Seite 42.

Tipp

Auch eine alte Tischplatte sieht mit einem Bezug aus Wachstuch wieder wie neu aus. Und ist draußen oder im Gartenhäuschen eine praktische Sache.

Praktische Abdeckhäubchen

Eigentlich stammt die Idee für diese Häubchen von meiner Oma. Sie nähte sie aus Kunststofffolie und deckte damit die Milchkrüge ab. Bei uns kommen sie für alles zum Einsatz, was sonst ein Fall für Plastik- oder Alufolie wäre. Anders als diese lassen sich die Häubchen spülen und wiederverwenden – und sind damit eine umweltfreundliche Alternative.

So wird's gemacht

1. Den Behälter kopfüber auf die Rückseite des Wachstuchs stellen. Die Kontur mit 2–3 cm Zugabe nachzeichnen. Bei transparentem Wachstuch so zeichnen, dass Sie innerhalb des Strichs schneiden können. Ausschneiden.
2. Mit Zickzackstich ca. 5 mm vom Rand entfernt ein Gummiband annähen. Das Gummiband darf ruhig etwas breiter sein; das hier verwendete ist 7 mm breit. Damit das Häubchen stramm sitzt, das Gummiband beim Annähen spannen. Je stärker Sie das Gummiband spannen, desto mehr Falten wirft das Tuch.
3. Das Gummiband beim Annähen ca. 1 cm überlappen lassen. Danach überstehendes Gummiband abschneiden.

Tipp

Diese Abdeckhäubchen lassen sich ausgesprochen vielseitig verwenden – im Kühlschrank, in der Küche, unter der Dusche …

Cleveres Utensilo mit Beschriftung

Ordnung hat man doch eigentlich nie genug, oder? Immer wieder wollen Kleinkram und Papiere sinnvoll untergebracht werden. Dieses Utensilo besteht aus etwas festerem Wachstuch und ist damit schön stabil. Die Einsteckfächer für Fotos oder Etiketten sind aus durchsichtigem Wachstuch aufgenäht.

So wird's gemacht

1. Die Rückwand zuschneiden (25 x 105 cm).
2. Drei Taschen à 30 x 40 cm zuschneiden.
3. Für die Einsteckfächer aus durchsichtigem Wachstuch drei Stücke à 12 x 17 cm zuschneiden.
4. Eine lange Seite der Tasche 1 cm umschlagen und absteppen.
5. Danach die beiden kurzen Seiten 7,5 cm links auf links umschlagen und möglichst kantennah absteppen. Mit den beiden anderen Taschen ebenso verfahren.
6. Die durchsichtigen Teile mitten auf die Taschen nähen und dabei eine kurze Seite zum Einstecken von Fotos oder Etiketten offen lassen.
7. Die Taschen unten beginnend auf die Rückwand nähen. Die Teile kantengleich aufeinanderlegen und die Seitenkanten 5 mm vom Rand entfernt zusammennähen. Auf der anderen Seite ebenso vorgehen.
8. Beide Seiten der Tasche zur Falte legen und den Boden mit einer Quernaht festnähen, siehe Seite 115. Mit den beiden anderen Taschen ebenso verfahren.
9. Den oberen Rand des Rückenteils 5 cm umschlagen und absteppen.
10. Oben zwei Ösen einschlagen (siehe Seite 123) und das Utensilo aufhängen.

Fix genähte Übertöpfe

Ob groß oder klein, uni oder bunt: Diese Übertöpfe sind schnell genäht und lassen sich schier unendlich variieren. Und bringen Ihnen mit herrlicher Blütenpracht kurzerhand den Sommer ins Haus.

So wird's gemacht

1. Einen möglichst geraden Blumentopf umdrehen und die Bodenfläche auf die Rückseite des Wachstuchs zeichnen. Damit der Übertopf nicht zu eng wird, rundum mindestens 3 cm zugeben. Ausschneiden.
2. Den Umfang des ausgeschnittenen Bodens messen. 5 cm als Nahtzugabe und Fehlerreserve zugeben. Bei Bedarf lieber später noch ein Stück abschneiden.
3. Die Höhe des Blumentopfs messen. 7 cm Nahtzugabe zugeben.
4. Ein Stück Wachstuch mit den genommenen Maßen zuschneiden.
5. Die Teile rechts auf rechts mit 1 cm Nahtzugabe zusammennähen, siehe Seite 119.
6. Auf rechts wenden. Den oberen Rand 5 cm umschlagen und rundum absteppen. So wird der Übertopf etwas höher und verdeckt den Innentopf vollständig.

Tipp

Der obere Rand wird stabiler, wenn Sie ihn vor dem Absteppen zweimal umschlagen. Denken Sie dann daran, das Wachstuch entsprechend höher zuzuschneiden, damit der Übertopf nicht zu niedrig wird. Auch mit einem aufgenähten Zierband können Sie den Rand verstärken.

Vorhang für die Gartenküche

Gönnen Sie Ihrer Gartenküche eine kleine Auffrischung! Es müssen nicht immer Türen sein – hier passt auch ein Vorhang ausgezeichnet. Bei etwas festerem Wachstuch brauchen Sie noch nicht einmal einen Saum zu nähen. Auch in der Waschküche kann so ein Vorhang als dekorative Tarnung der heimischen Wäscheberge hervorragende Dienste leisten.

So wird's gemacht

1. Ein Metallseil mit zwei Metallhaken an der Oberkante des Schranks befestigen.
2. Höhe und Breite der Öffnung messen, die der Vorhang bedecken soll. Für den Seilkanal in der Höhe 3 cm zugeben. Je nach gewünschtem Faltenwurf auch die Breite etwas großzügiger bemessen.
3. Das Wachstuch zuschneiden – besonders sorgfältig, wenn Sie die Kanten nicht säumen.
4. Den oberen Rand 3 cm umschlagen. Damit das Metallseil genug Platz hat, 2 cm vom Rand entfernt absteppen.
5. Das Seil einziehen. Fertig zum Aufhängen!

Durchsichtige Kinderschürze

Mit dieser witzigen Schürze haben Ihre Kinder den Durchblick.
Und vielleicht haben die lieben Kleinen ja Lust, ihre Schürze mit
bunten Aufklebern selbst zu gestalten?

So wird's gemacht

1. Die Vorlage auf Seite 124 abzeichnen oder eine
alte Schürze als Schablone benutzen.
2. Das Schürzenteil aus transparentem Wachstuch
zuschneiden. Da die Schürze eingefasst wird, ist
hier keine Nahtzugabe erforderlich.
3. Das Einfassband an der Halskante annähen.
Da das eingefasste Wachstuch durchsichtig ist,
lässt sich die richtige Lage des Einfassbands gut
kontrollieren.
4. Die Seiten und den unteren Rand in einem Stück
einfassen, das Band an den Ecken falten.
5. Das Einfassband auf einer Länge von ca. 50 cm
falten und absteppen (dieses Stück wird das erste
Schleifenband). Am unteren Ende einer „Ärmelöffnung" ansetzen.
6. Das Einfassband längs der einen „Ärmelöffnung"
annähen, dann gefaltet absteppen (Nackenband)
und schließlich längs der anderen „Ärmelöffnung"
annähen. Vor dem Annähen des Bands auf der
anderen Seite kontrollieren, dass der Kopf durch
die Halsöffnung passt.
7. Zum Abschluss das Band auf weiteren 50 cm
gefaltet absteppen – dieses Stück wird das zweite
Schleifenband (siehe Skizze).

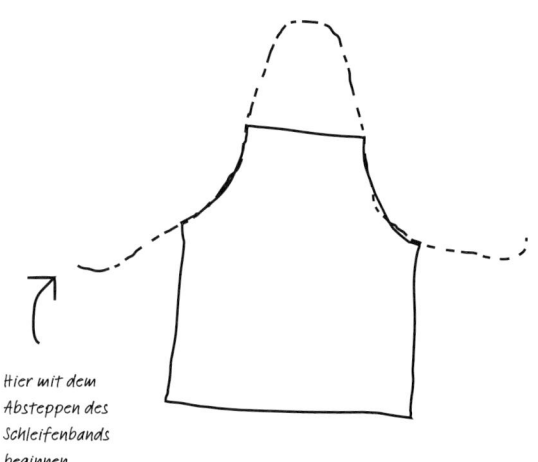

*Hier mit dem
Absteppen des
Schleifenbands
beginnen*

Tütensammler

Bereiten Sie dem Plastiktütenchaos in Schränken und Schubladen ein
Ende: Dieser selbst genähte Tütensammler sorgt für Ordnung und sieht
auch noch gut aus.

So wird's gemacht

1. Aus Wachstuch ein Quadrat zuschneiden. Den Tütensammler auf dem Foto habe ich aus einem Stück à 54 x 54 cm genäht.

2. Das Wachstuch rechts auf rechts zur Hälfte falten. Die beiden langen Seiten mit 1 cm Nahtzugabe zusammennähen.

3. An beiden kurzen Seiten einen Tunnel nähen. Dafür 2 cm umschlagen und 1,5 cm von der Faltkante entfernt absteppen. Zum Einziehen des Gummibands eine kleine Öffnung lassen.

4. Ein 10 mm breites Gummiband einziehen. Zusammenziehen, bis die Öffnung die gewünschte Größe hat. Die Öffnung sollte so groß sein, dass Sie die Tüten gut mit der Hand hineinstecken und herausziehen können – aber nicht so groß, dass die Tüten herausfallen.

5. Die Enden des Gummibands zusammenknoten und abschneiden. Die Öffnung zum Einziehen des Gummibands zunähen. Auf der anderen Seite ebenso vorgehen.

6. Zum Aufhängen eine Schlaufe aus Baumwollband annähen.

Geschenke, originell verpackt

Geschenkverpackungen aus Wachstuch sind originell und sehen toll aus.
Ganz ungeduldige Geburtstagskinder freuen sich vielleicht über eine Verpackung,
die den einen oder anderen Einblick erlaubt. Einmal anders zeigt sich hier auch die
Glückwunschkarte im Wachstuchkuvert. Gerade Kinder mögen es bunt gemustert
– lassen Sie Ihrer Kreativität freien Lauf.

So wird's gemacht

1. Wachstuch in der gewünschten Größe zuschneiden.
2. Rechts auf rechts zur Hälfte falten. Die Faltkante bildet den Boden des Beutels. Das Wachstuch für einen hohen, schmalen Beutel quer, sonst längs zur Hälfte falten. Die beiden langen Seiten mit Geradstich zusammennähen.
3. Den Beutel auf rechts wenden.
4. Das Geschenk hineinlegen und den Beutel oben mit Seidenband zusammenbinden.

Es darf ein bisschen mehr sein?
• Abgenähte Ecken wie bei einer Tasche geben mehr Halt, siehe Seite 112.
• Den oberen Rand mit einer Musterschere zurechtschneiden.
• Am oberen Rand einen Tunnel nähen und ein hübsches Band einziehen.
• Mit einer Lochzange oder einem Stanzdorn (siehe Ösen, Seite 123) Löcher stanzen und rundum ein Band durch die Löcher ziehen.
• Ein Spitzen- oder Tüllband an den oberen Rand nähen.

Tipp

Das Kuvert für die Glückwunschkarte wird genauso genäht wie das Stiftemäppchen auf Seite 58. Mit einem hübschen Band verschließen. Das Etikett nähen Sie wie die Anhänger auf Seite 90.

HAPPY BIRTHDAY

Schreibtischunterlage

Eine selbst gestaltete Schreibtischunterlage schafft ein persönliches Ambiente und ist ganz leicht genäht. Durchsichtige Einsteckfächer bieten geordneten Raum für wichtige Notizen oder Fotos. Auf einer kleineren Unterlage findet die kleine Stärkung für zwischendurch Platz.

So wird's gemacht

1. Ein Stück Wachstuch à 50 x 65 cm zuschneiden.
2. Zwei Stücke à 15 x 50 cm zuschneiden: eins aus dem gleichen Wachstuch für das Fach links und eins aus durchsichtigem Wachstuch für die kleinen Einsteckfächer rechts.
3. Bei diesen beiden Teilen je eine lange Seite 1 cm umschlagen und absteppen.
4. Das durchsichtige Teil kantengleich rechts auf die Unterlage legen. Die Seitenränder beider Teile zusammen 1,5 cm umschlagen und absteppen.
5. Das andere Wachstuchteil links auf die Unterlage legen und ebenso vorgehen.
6. Die beiden langen Seiten der Unterlage 1,5 cm umschlagen und absteppen.
7. Die kleinen Fächer erhalten Sie, indem Sie Quernähte entsprechend der gewünschten Fächereinteilung nähen.

Tipp

Fester wird die Unterlage, wenn Sie das Wachstuch doppellagig verarbeiten.

Flohmarktschätzchen in neuem Glanz

Eines schönen Tages beschloss mein Mann, eines unserer zahlreichen Flohmarkt-schätzchen aufzumöbeln. Während er und die Mädels dem Schaukelstuhl einen neuen Anstrich verpassten, nähte ich neue Bezüge aus Wachstuch. Gepunktet und in leuchtendem Limettengrün war das Fundstück danach kaum wiederzuerkennen. Und macht mit dem abwaschbaren Sitz drinnen wie draußen eine gute Figur.

So wird's gemacht

1. Vorhandene Bezüge vorsichtig im Ganzen abneh-men. Je nach Bauweise kann es sein, dass Sie den Stuhl zerlegen müssen.
2. Nähte auftrennen. Wenn es viele Einzelteile sind, diese kennzeichnen, damit Sie den Überblick behalten.
3. Die alten Teile als Schnittmuster verwenden. Auf Wachstuch übertragen und zuschneiden. Die Teile nicht zu knapp bemessen – Wachstuch ist weniger geschmeidig als normaler Stoff.
4. Die Teile zusammennähen.
5. Die Wachstuchteile spannen und mit Nägeln oder Heftklammern am Stuhlrahmen befestigen.

Tipp

Auch ein Hocker lässt sich so leicht neu beziehen.

Gesammelte Werke, würdig präsentiert

Bei uns zuhause wimmelt es nur so von selbst gemalten Bildern.
Eines schöner als das andere, und alle haben sie einen würdigen Platz
verdient. In diesem Wandfach können wir jetzt alle Bilder sammeln
und nach Lust und Laune austauschen.

So wird's gemacht

1. Ein Stück Wachstuch à 40 x 60 cm zuschneiden.
2. Für das Fach zwei Stücke à 35 x 55 cm zuschneiden.
3. In der Mitte des Fachs ein Stück durchsichtiges Wachstuch à 24 x 33 cm aufsteppen (Querformat). Dabei eine kurze Seite offen lassen, siehe Seite 114.
4. Den oberen Rand des Fachs 1 cm umschlagen und absteppen. An den Seiten 8,5 cm umschlagen und möglichst nah an der Faltkante absteppen. Das Fach wie auf Seite 115 beschrieben fertigstellen.
5. Das Fach zunächst mit den Seiten auf die Rückwand steppen und diese dabei 1 cm umschlagen. Die Nähte bis zum oberen Rand der Rückwand führen.
6. Beide Seiten des Fachs zur Falte legen und das Fach mit dem unteren Rand auf die Rückwand steppen.
7. Für die Fotoleiste aus durchsichtigem Wachstuch ein Stück à 38 x 13 cm zuschneiden. Dieses Stück 4 cm über dem Bilderfach aufsteppen. Dabei die kurzen Seiten offen lassen. In der Mitte eine Naht steppen.
8. Am oberen Rand 4 cm umschlagen und absteppen.
9. Zwei Ösen einschlagen, siehe Seite 123.

Schultasche

Meine Tochter hat ein richtiges Faible für ihre Wachstuchtaschen, von denen sie gleich mehrere in verschiedenen Farben besitzt. Am besten nehmen Sie beim späteren Taschenträger Maß, damit der Schulterriemen die richtige Länge hat. Mit selbstklebenden Buchstaben oder Figuren bekommt die Tasche einen besonders individuellen Look.

So wird's gemacht

1. Für die Vorder- und Rückseite der Tasche aus festem Wachstuch zwei Stücke à 32 x 40 cm zuschneiden.

2. Für die Außentasche ein Stück à 20 x 25 cm zuschneiden.

3. Für den Schulterriemen einen Streifen à 12 x 100 cm zuschneiden.

4. Die Seitenränder der Außentasche 1 cm umschlagen, ruhig mit doppelseitigem Klebeband fixieren und 1 cm von der Faltkante entfernt absteppen. Danach eine kurze Seite 3 mm von der Faltkante entfernt absteppen. So erhalten Sie nach dem Aufsteppen der Außentasche eine umlaufende Doppelnaht.

5. Die Außentasche auf ein Taschenteil aufsteppen.

6. Die Taschenteile rechts auf rechts legen und beide langen und eine kurze Seite (Boden) mit 1 cm Nahtzugabe zusammennähen.

7. Die Ecken abnähen, siehe Seite 112.

8. Auf rechts wenden. Den oberen Rand 2 cm umschlagen und rundum mit einer Doppelnaht absteppen.

9. Den Schulterriemen der Länge nach links auf links zur Hälfte falten. Die Kanten 1 cm umschlagen und mit doppelseitigem Klebeband fixieren. Dann 3-4 mm vom Rand entfernt absteppen. Die Faltkante ebenso absteppen.

10. Eine kurze Seite des Schulterriemens 1 cm umschlagen. Den Riemen 6 cm unterhalb des oberen Rands mit einer Kreuznaht an die Tasche nähen, siehe Seite 120. Auf der anderen Seite ebenso vorgehen.

Tipp

Sie können den Schulterriemen auch in einer anderen Farbe nähen oder einen fertigen Riemen kaufen. Auch abgeschnittene Riemen alter Taschen eignen sich hervorragend.

Leicht genähtes Stiftemäppchen

Dieses Modell ist kinderleicht zu nähen und dabei je nach den verwendeten Maßen vielseitig einsetzbar. In meinem Mäppchen bewahre ich Stifte auf – ebenso gut lässt sich darin aber die Zahnbürste oder Werkzeug unterbringen.

So wird's gemacht

1. Ein Stück Wachstuch à 37 x 26 cm zuschneiden.
2. Eine kurze Seite 1 cm umschlagen und absteppen.
3. 2,5 cm unterhalb der abgesteppten kurzen Seite von rechts zwei Stücke Klettband annähen.
4. Diese Seite rechts auf rechts 10,5 cm nach innen einschlagen. Die andere kurze Seite 7,5 cm nach innen einschlagen, sodass die beiden kurzen Seiten in der Mitte aufeinandertreffen.
5. Die beiden kurzen Seiten rechts auf rechts mit 1 cm Nahtzugabe zusammennähen.
6. Auf rechts wenden.
7. Auf dem Deckel zwei Stücke Klettband annähen. Das Klettband so platzieren, dass es auf die anderen beiden Klettbandstücke trifft.

Geräumige Umhängetasche mit Fotofach

Einfach Bild auswechseln und neuen Look genießen: Diese Tasche wird nie langweilig. Und ist bei großen und kleinen Menschen gleichermaßen beliebt. Wer mag, bringt oben noch einen Druckknopf oder eine Schnalle an.

So wird's gemacht

1. Ein Stück Wachstuch à 40 x 90 cm zuschneiden.
2. Die Teile für das Fotofach zuschneiden: ein Stück normales Wachstuch à 22 x 26 cm und ein Stück durchsichtiges Wachstuch à 13 x 17 cm.
3. Zuerst das Fach nähen, siehe Seite 114.
4. Das Fach auf die Tasche steppen, ca. 13 cm unterhalb des oberen Rands.
5. Das Wachstuch rechts auf rechts zur Hälfte falten. Die beiden Seiten mit 1 cm Nahtzugabe zusammennähen.
6. Die Ecken abnähen, siehe Seite 112.
7. Auf rechts wenden, den oberen Rand 3 cm umschlagen und rundum absteppen. Gerne 1 cm neben der ersten Naht eine zweite nähen. Eine Doppelnaht macht den Rand stabiler und sieht oft besser aus, ist aber natürlich kein Muss.
8. Den Schulterriemen zuschneiden, 106 x 14 cm. Die Ränder 1 cm umschlagen und mit Geradstich rundum absteppen, siehe Seite 121.
9. Den Schulterriemen mit Kreuznähten annähen, siehe Seite 120.

Schmucktäschchen

In diesem Schmucktäschchen zum Aufhängen haben Sie all Ihr Geschmeide stets im Blick. Größe und Anzahl der Fächer wählen Sie ganz nach Wunsch. Zusammengerollt lässt sich das Täschchen auch wunderbar mit auf die Reise nehmen.

So wird's gemacht

1. Ein Stück Wachstuch à 22 x 90 cm zuschneiden (doppelt so lang, wie das fertige Täschchen sein soll).
2. Danach aus durchsichtigem Wachstuch die Fächer zuschneiden: Zwei Stücke à 22 x 10 cm und zwei à 22 x 5 cm.
3. Bei allen durchsichtigen Teilen eine lange Seite 5 mm umschlagen und längs der Kante eine Zickzacknaht setzen.

4. Das gemusterte Wachstuch zur Hälfte falten (gefaltete Länge: 45 cm) und die Lage der Fächer markieren. Die Markierung auf rechts vornehmen (die Faltkante wird zum oberen Rand des Täschchens). Das Wachstuch aufklappen, sodass es wieder einlagig liegt.
5. Die Fächer gemäß den Markierungen annähen. Mit dem obersten beginnen. Zunächst nur die untere Kante aufsteppen und mit Geradstich die Abteilungen abnähen. Deren Breite richtet sich nach der Größe Ihrer Schmuckstücke. Den nächsten Fachstreifen etwas überlappend auflegen, damit die Naht verdeckt wird. Auf diese Weise alle Fächer aufsteppen.
6. Das Täschchen jetzt rechts auf rechts zur Hälfte falten. Beide Seiten mit je 1 cm Nahtzugabe zusammennähen. Auf rechts wenden.
7. Die untere Öffnung einschlagen. Beim Zunähen der Öffnung fertig gekauftes oder selbst genähtes Schleifenband (siehe Seite 121) einlegen.
8. Zum Aufhängen zwei Ösen einschlagen, siehe Seite 123. Oder Schlaufen annähen.

Ordnungshelfer zum Aufhängen

In diesem praktischen Wandsammler haben Haargummis, Klämmerchen und Bürsten endlich ihren Platz. Da er auch innen vollständig mit Wachstuch ausgekleidet ist, lässt er sich mühelos sauber halten. Verwenden Sie für die Innen- und Außenseite das gleiche Tuch oder unterschiedliche Farben.

So wird's gemacht

1. Das Wachstuch in der Mitte falten. Die Faltkante bildet den Boden des Wandsammlers. Auf die gewünschte Größe zuschneiden (beim abgebildeten Modell 30 x 42 cm, also A3).
2. Die kurzen Seiten rechts auf rechts mit ca. 1 cm Nahtzugabe zusammennähen.
3. Die Ecken abnähen, siehe Seite 112.
4. Durch Wiederholung der Schritte 1–3 das Futter nähen.
5. Die beiden Teile links auf links ineinanderlegen.
6. Einen Griff nähen, siehe Seite 120. Beim Modell auf dem Foto misst der fertige Griff 16 x 4 cm, zugeschnitten wurde dafür ein Teil à 20 x 10 cm.
7. Die oberen Kanten nach innen einschlagen. Die Griffenden zwischen den beiden eingeschlagenen Kanten einlegen und rundum absteppen.

Farbenfroher Kulturbeutel

Kulturbeutel gibt es in den unterschiedlichsten Formen und Größen. Bei diesem Modell können Sie Ihre Lieblingsfarben und -muster ganz nach Wunsch zusammenstellen. Zum Aufhängen hat der Kulturbeutel ein Gummiband. Ob auf der Reise oder im heimischen Badezimmer – als praktischer Begleiter ist dieser Beutel überall gern gesehen.

So wird's gemacht

1. Zwei Stücke Wachstuch im A4-Format (21 x 30 cm) zuschneiden.

2. Ein Stück andersfarbiges oder anders gemustertes Wachstuch im A5-Format (15 x 21 cm) zuschneiden.

3. Die drei Teile rechts auf rechts mit 5 mm Nahtzugabe zusammennähen. Das kleinere Stück liegt dabei in der Mitte und bildet später den Boden. Das Ergebnis ist ein aus drei Teilen bestehendes Rechteck à 21 x 73 cm.

4. Das Rechteck rechts auf rechts zur Hälfte falten. Die beiden langen Seiten mit 5 mm Nahtzugabe zusammennähen.

5. Die Ecken abnähen, siehe Seite 112. Auf rechts wenden.

6. Zur Verstärkung an den Ösen ein Stück à 8 x 8 cm zuschneiden.

7. Alle Ränder 1 cm umschlagen, ruhig mit doppelseitigem Klebeband fixieren.

8. Das Verstärkungsstück an einer Seitennaht annähen. Das Stück kantengleich an den oberen Beutelrand und mittig auf die Seitennaht legen. Möglichst kantennah aufsteppen (siehe kleines Foto).

9. An den unteren Ecken des aufgenähten Stücks zwei Ösen einschlagen, siehe Seite 123.

10. Den oberen Rand des Beutels 3 cm umschlagen und ca. 2,5 cm vom Rand entfernt (d. h. unter den Ösen) rundum absteppen.

11. Ein Gummiband in den Tunnel einziehen und mit einem Kordelstopper versehen.

Kleiner Beutel mit aufgesetzter Tasche

Muscheln, Schneckenhäuser, schöne Steine: Dieser Beutel bietet Platz
für alle Schätze, die mit nach Hause genommen werden wollen.

So wird's gemacht

1. Für den Beutel ein Stück Wachstuch
à 24 x 50 cm zuschneiden.
2. Für die Tasche ein Stück Wachstuch
à 14 x 14 cm zuschneiden, gerne anders gemustert.
3. Alle Ränder der Tasche 1 cm umschlagen,
ruhig mit doppelseitigem Klebeband fixieren.
4. Eine Seite der Tasche 5 mm vom Rand entfernt
absteppen (die anderen drei Seiten werden beim
Aufnähen der Tasche abgesteppt).
5. Die Tasche 7 cm unterhalb des oberen Beutel-
rands mit 5 mm Kantenabstand aufsteppen.
6. Die beiden kurzen Seiten rechts auf rechts
aufeinanderlegen.
7. Die Seiten so zusammennähen, dass ein Beutel
entsteht.
8. Die Ecken abnähen, siehe Seite 112.
9. Den Beutel auf rechts wenden.
10. An beiden Seitennähten 3,5 cm unterhalb
des oberen Rands je zwei Ösen einschlagen. Bei
dünnem Wachstuch für mehr Stabilität ein zusätzliches Stück Wachstuch einlegen, siehe Seite 123.
11. Den oberen Rand 3 cm umschlagen und
rundum absteppen.
12. Ein Seidenband durch die beiden Ösen auf
der Vorderseite und ein zweites Seidenband
durch die beiden Ösen auf der Rückseite einziehen. Jedes der beiden Bänder zusammenknoten.
Zum Schließen des Beutels an beiden Bändern
gleichzeitig ziehen.

Tipp

Hübsches Extra: Mit einer Zickzackschere ein
kleines Viereck ausschneiden und vor Schritt
5 auf die Tasche nähen.

Einfacher Beutel für alle Lebenslagen

Solche schlichten Beutel sind draußen wie drinnen praktische Helfer.
Diese Version ist oben mit Ösen versehen und ausgesprochen vielseitig
einsetzbar: im Badezimmer, auf dem Bootssteg oder wie bei meiner
Tochter als Sportbeutel.

So wird's gemacht

1. Die gewünschte Größe festlegen. Der Beutel auf dem Foto ist aus einem Stück à 54 x 86 cm genäht.
2. Das Wachstuch rechts auf rechts zur Hälfte falten, sodass die Faltkante den Boden des fertigen Beutels bildet. Auf die gewünschte Größe zuschneiden. Oben als Nahtzugabe 5 cm zugeben.
3. Die beiden kurzen Seiten rechts auf rechts 1 cm von der Kante entfernt zusammennähen.
4. Die Ecken abnähen, siehe Seite 112.
5. Den oberen Rand 5 cm umschlagen. Rundum absteppen.
6. Ösen einschlagen, siehe Seite 123. Ich habe immer zwei Löcher nebeneinander gemacht und dann eine Öse in zwei Löcher geschlagen. So legt sich der Beutel schön in Falten.
7. Band oder Kordel einziehen.
8. Wer mag, näht noch einen Kordelstopper, siehe Seite 122.

Tipp

Anstatt Ösen einzuschlagen, können Sie natürlich auch einen Tunnel nähen.

Strandkissen

Einem Strandkissen aus Wachstuch machen weder nasse Locken noch Wasserfontänen etwas aus. Auch als Sitzkissen auf harten Bootsbänken ist es ein gern gesehener Begleiter.

So wird's gemacht

1. Anhand des gewünschten Innenkissens Maß nehmen. An den langen Seiten 2 cm Nahtzugabe und an einer kurzen Seite 15 cm für den Einschlag zugeben, siehe Seite 118.
2. Das doppelt gelegte Wachstuch auf die gewünschte Größe zuschneiden. Die Faltkante bildet eine kurze Seite.
3. An der anderen kurzen Seite eine Kante 2 cm nach innen einschlagen und absteppen. Dann einen Kissenbezug nähen, siehe Seite 118.
4. Auf rechts wenden und das Innenkissen hineinstecken.

Robuste Strandtasche

Den lieben langen Tag am Strand herumlümmeln … was da alles mit muss! Eine tolle Tasche mit praktischen Außenfächern und Griffen aus festem Seil können Sie sich ganz einfach selbst nähen. Und endlich alles unterbringen, was Sie dabeihaben wollen.

So wird's gemacht

1. Ein Stück Wachstuch à 105 x 50 cm zuschneiden. Für die Außenfächer brauchen Sie zwei Stücke à 32 x 27 cm.
2. Zuerst die Fächer nähen: Eine kurze Seite (oberer Rand) 1,5 cm umschlagen und mit Zickzackstich an der Kante entlangnähen.
3. Beide Seitenränder des Fachs 4 cm umschlagen und 5 mm von der Faltkante entfernt absteppen.
4. Die Lage der Fächer 11 cm unterhalb der oberen Ränder markieren. Darauf achten, dass die offenen Seiten der Fächer nach oben weisen. Die Fächer auf die Tasche nähen, siehe Seite 115.
5. Das große Stück Wachstuch rechts auf rechts zur Hälfte falten. Die Faltkante bildet den Boden der Tasche. Die langen Seiten mit 1 cm Nahtzugabe zusammennähen.
6. Die Ecken abnähen, siehe Seite 112. Auf rechts wenden.
7. Den oberen Rand der Tasche zweimal umschlagen. Erst 1 cm, dann 3 cm. Ruhig mit doppelseitigem Klebeband fixieren. Mit Zickzackstich ca. 2,5 cm vom Rand entfernt festnähen.
8. Ca. 15 cm von den Seitennähten und 1 cm vom Rand entfernt vier Ösen einschlagen, siehe Seite 123.
9. Als Griff auf beiden Seiten ein Seil oder eine dicke Schnur einziehen. An jedem Ende einen Knoten machen.

Brillenetui

Diese Brillenetuis sind ganz leicht genäht. So leicht, dass Sie sich zu jedem Outfit ein passendes machen können. Ob mit Verschlusslasche oder abgerundetem Rand – die Grundidee lässt sich vielseitig abwandeln.

So wird's gemacht

1. Die Größe des Zuschnitts anhand der betreffenden Brille bemessen. Dabei beachten, dass das Wachstuch die Brille komplett einfassen soll. Für meine Etuis habe ich Tuchstücke à 17 x 17 cm verwendet. Ausschneiden.
2. Links auf links zur Hälfte falten.
3. An einer langen und einer kurzen Seite mit Zickzackstich zusammennähen. Wer mag, schneidet vor dem Zusammennähen den Rand zu einer Rundung.

Mit Klettbandverschluss:
1. Ein Stück Wachstuch à 42 x 8 cm zuschneiden.
2. Eine kurze Seite einschlagen und kantennah absteppen. Ca. 3 cm unterhalb des Rands ein Stück Klettband annähen.
3. Die Seite mit dem Klettband mit der rechten Tuchseite nach außen 16 cm umklappen.
4. Mit Zickzackstich rundum am Rand entlangnähen. Wer mag, schneidet vor dem Nähen die Ecken ab (siehe Foto).
5. Ein Stück Klettband auf die Verschlusslasche nähen. Sorgfältig messen, damit die beiden Klettbandstücke aufeinandertreffen. Am leichtesten herausnehmen lässt sich die Brille aus dem Modell mit abgerundetem Rand. Besser geschützt ist sie aber mit Verschlusslasche.

Make-up- oder Kulturtäschchen

Dieses Täschchen können Sie an dem angenähten Plastikring aufhängen – und dann in Ruhe schauen, was Sie brauchen. In diesem Modell mit Innenfach finden alle Ihre Utensilien Platz.

So wird's gemacht

1. Zwei Stücke Wachstuch à 26 x 32 cm zuschneiden.
2. Rechts auf rechts legen und beide langen und eine kurze Seite mit 5 mm Nahtzugabe zusammennähen.
3. Die Ecken abnähen, siehe Seite 112. Auf rechts wenden.
4. Für das Innenfach ein Stück Wachstuch à 15 x 35 cm zuschneiden.

5. Eine kurze Seite 1 cm umschlagen und absteppen.
6. Die gesäumte Kante mit der rechten Tuchseite nach außen 14 cm umschlagen und die Seiten 5 mm vom Rand entfernt absteppen.
7. Den Rand des Kulturtäschchens 2 cm umschlagen. Das Innenfach unter den Rand schieben und mit doppelseitigem Klebeband fixieren. Rundum absteppen. Dabei wird auch die Innentasche angenäht.
8. Für den Deckel zwei Stücke à 18 x 18 cm zuschneiden. Rechts auf rechts aufeinanderlegen. Zwei Ecken schräg zur Spitze abschneiden.
9. Ein Stück Seidenband durch einen Plastikring ziehen. Die Bandenden so zwischen die Teile legen, dass das Band mit dem Ring aus der Spitze des Deckels hervorragt. Festgenäht wird der Ring beim Absteppen des Deckels.
10. Die kurzen Seiten und die abgeschrägten Ecken mit 5 mm Nahtzugabe zusammennähen.
11. Auf rechts wenden. Den unteren Rand 1 cm umschlagen und mit doppelseitigem Klebeband fixieren.
12. Den Deckel 6 cm unter dem oberen Rand des Täschchens annähen. Beim Annähen der unteren Deckelkante das Innenfach hochklappen.
13. Ein Stück Wachstuch à 2 x 8 cm zuschneiden. Zur Hälfte zusammenlegen. An beiden Enden von rechts ein Stück Klettband annähen.
14. Ca. 15 cm unter dem oberen Rand auf die Vorderseite steppen. Damit sich der Riegel um den Ring legen lässt, nur auf 2 cm festnähen.

Erste-Hilfe-Aufbewahrung

Manchmal dreht man sich nur kurz um – und schon ist es passiert.
Die wichtigsten Erste-Hilfe-Utensilien sollten deshalb schnell zur Hand sein.
Das Utensilo auf dem Foto habe ich ziemlich niedrig aufgehängt und mit
diversen Pflastern befüllt. Die Kinder finden das super: Sie wollen sich
nämlich ständig gegenseitig verarzten.

So wird's gemacht

1. Für die Rückwand ein Stück Wachstuch
à 22 x 53 cm zuschneiden.
2. Für die Fächer zwei Stücke Wachstuch
à 22 x 32 cm zuschneiden.
3. Eine lange Seite der Fächer 1 cm umschlagen
und absteppen. Diese Kante bildet den oberen
Rand des Fachs.
4. Beide kurzen Seiten 5 cm umschlagen und
möglichst nah an der Faltkante absteppen Mit dem
zweiten Fach ebenso verfahren, siehe Seite 115.
5. Die Fächer auf die Rückwand steppen. Mit dem
unteren beginnen. Die Seitenränder von Rückwand
und Fach aufeinanderlegen und 5 mm von der
Kante entfernt zusammensteppen.
6. Danach den unteren Rand des Fachs annähen.
Rechts und links je eine Falte legen, sodass das
Fach genauso breit wie die Rückwand wird. Mit
dem anderen Fach ebenso verfahren.
7. Den oberen Rand der Rückwand 5 cm umschlagen. 4 cm unter der Faltkante absteppen.
8. Ösen in die oberen Ecken einschlagen, siehe
Seite 123.
9. Aus selbstklebender Kunststofffolie ein rotes
Kreuz ausschneiden und auf das obere Fach kleben.

Wendetasche

So eine Tasche zum Wenden ist supervielseitig und sieht toll aus. Sie ist im Handumdrehen wieder sauber und eignet sich damit hervorragend für den Einsatz in Küche, Bad oder Waschküche. Und wenn Sie sich an der einen Seite sattgesehen haben, wenden Sie sie einfach auf die andere.

So wird's gemacht

1. Ein Stück Wachstuch à 45 x 84 cm zuschneiden. Das Wachstuch in der Mitte falten. Die Faltkante bildet den Boden der Tasche.
2. Die Seiten rechts auf rechts mit ca. 1 cm Nahtzugabe zusammennähen.
3. Die Ecken abnähen, siehe Seite 112.
4. Durch Wiederholung der Schritte 1–3 das Futter nähen.
5. Die beiden Teile links auf links ineinanderlegen.
6. Für die Griffe zwei Streifen à 30 x 8 cm zuschneiden (Maß der fertigen Griffe: 24 x 3 cm). Die Griffe nähen, siehe Seite 120.
7. Die oberen Kanten nach innen einschlagen. Die Griffenden zwischen die beiden eingeschlagenen Kanten legen und rundum absteppen.

Fotowandbehang

In diesem Wandbehang können Sie immer die Fotos aufhängen, auf die Sie gerade Lust haben. Fertigen Sie ihn einfach in Ihrer Wunschgröße an. Das hier gezeigte Modell bietet Platz für sieben Fotos im Format 11 x 13 cm.

So wird's gemacht

1. Zwei Stücke à 20 x 100 cm zuschneiden – eines aus normalem und eines aus durchsichtigem Wachstuch.
2. Die langen Seiten des durchsichtigen Wachstuchs mit schwarzem Einfassband einfassen.
3. Im Abstand von 13 cm die sieben Einsteckfächer mit Strichen markieren; dabei am oberen Rand 7,5 cm und am unteren Rand 1,5 cm Platz lassen.
4. Das durchsichtige Teil auf die Rückwand legen und entlang der Markierungen absteppen. Wenn die Teile verrutschen, am Rand mit Büroklammern fixieren.
5. Den unteren Rand 1 cm umschlagen und entlang der bestehenden Naht absteppen.
6. Den oberen Rand 4 cm umschlagen und entlang der bestehenden Naht absteppen.
7. Zwei Ösen einschlagen, siehe Seite 123. Mit Ihren Lieblingsfotos bestücken und aufhängen.

Stricknadeletui

Stricknadeln neigen dazu, Löcher in Tüten zu piksen oder herauszufallen. Eine Eigenschaft, die sich mit diesem Etui wunderbar in Schach halten lässt. Außerdem haben Sie Ihre Nadeln stets griffbereit. Bestens aufgehoben sind hier auch Pinsel oder das edle Besteck für besondere Anlässe. Bemessen Sie die Größe der Fächer einfach ganz nach Wunsch.

So wird's gemacht

1. Ein Stück Wachstuch à 50 x 100 cm zuschneiden.
2. Eine kurze Seite 1 cm umschlagen und absteppen.
3. Die gesäumte Seite rechts auf rechts 25 cm umschlagen.
4. Die andere kurze Seite 28 cm, also etwas überlappend, umschlagen.
5. Eine Seite durchgehend mit 1 cm Nahtzugabe zusammennähen.
6. Die andere Seite zusammen- und dabei die Schleifenbänder annähen. Hier habe ich zwei Stücke à 90 cm einer etwas dickeren Haushaltsschnur benutzt. Die Schnur zur Hälfte falten. Zwischen die Wachstuchstücke stecken und nur die Schlaufe herausragen lassen. Beim Zusammennähen des Etuis die Schnurstücke 10 cm von den Rändern entfernt einnähen.
7. Auf rechts wenden. Jetzt befinden sich die Schlaufen an der Innen- und die Schnurenden an der Außenseite des Etuis.
8. Im Abstand von ca. 5 cm Markierungen für die Fächer anlegen und absteppen.
9. Die Stricknadeln hineinstecken, die Kante umschlagen und das Etui zusammenrollen.

Leicht genähte Tragetasche

Kürzlich las ich von einer Stadt, die zum kostenlosen Parken einlädt – wenn man seine eigene Tragetasche dabei hat. Ich finde, das ist eine richtig gute Idee. So können Sie mit diesem leicht genähten Modell gleichzeitig etwas für die Umwelt tun. Am besten machen Sie sich gleich mehrere: Wenn immer eine Tasche im Auto liegt, brauchen Sie daran schon mal nicht mehr zu denken …

So wird's gemacht

1. Ein Stück Wachstuch à 50 x 110 cm zuschneiden.
2. Rechts auf rechts so zur Hälfte falten, dass die Faltkante den Taschenboden bildet.
3. Die langen Seiten mit ca. 1 cm Nahtzugabe zusammennähen.
4. Auf rechts wenden. Den oberen Rand rundum 2 cm einschlagen und an der Kante entlang absteppen.
5. Zwei Griffe à 5 x 50 cm zuschneiden. Die Griffe nähen, siehe Seite 120.
6. Die Griffe an der Tasche annähen, siehe Seite 120. Dabei zu den Seitennähten der Tasche einen Abstand von ca. 15 cm einhalten.

Tipp

Ein einfaches Motiv gibt einer einfarbigen Tasche einen persönlichen Look. Wie z. B. dieses Modell mit Silberkrone – von meiner jüngsten Tochter heiß und innig geliebt. Nähen Sie das Motiv auf die Tasche, bevor Sie diese zusammennähen.

Adressanhänger

Sie haben noch einen Rest Wachstuch übrig? Auf keinen Fall wegwerfen – daraus lassen sich tolle Kleinigkeiten machen. Wie wäre es z. B. mit Adressanhängern, an denen Sie Ihre Koffer auf dem Gepäckband direkt wiedererkennen? Auch zur Beschriftung von Aufbewahrungsboxen oder als Geschenkanhänger eignen sie sich hervorragend.

So wird's gemacht

1. Ein Stück Wachstuch à 7 x 21 cm zuschneiden.
2. Ein Stück durchsichtiges Wachstuch à 6 x 9,5 cm zuschneiden. An einer kurzen Seite des farbigen Stücks ca. 5 mm vom Rand entfernt aufsteppen. Die andere kurze Seite für das Etikett offen lassen.
3. Einen Wachstuchstreifen à 2 x 30 cm zuschneiden. Ein Band nähen, siehe Seite 121.
4. Den Anhänger links auf links zur Hälfte falten. Mit Geradstich rundum absteppen. Dabei das Band an der offenen kurzen Seite annähen.

Tipp

Nähen Sie ein kürzeres Band und bringen Sie zum Verschließen Klettband oder einen Druckknopf an. Oder Sie nehmen einfach ein ganz anderes Band, das Ihnen gefällt.

Kleiderbügeltasche

Eines schönen Tages zog mein Schwesterherz bei uns ein – mitsamt
Kindern, Hund und jeder Menge Zubehör für den Vierbeiner. Nur, wohin
mit all den Sachen? Da kam mir die Idee für diese Kleiderbügeltasche.
Endlich hatte alles für den Hund seinen Platz. Mittlerweile wohnen
meine Lieben woanders – das Modell aber hat sich so bewährt, dass
es bereits viele Nachfolger bekommen hat.

So wird's gemacht

1. Einen passenden Kleiderbügel aussuchen
(z. B. wie hier einen Kinderkleiderbügel aus
Holz).
2. Ein Stück Wachstuch zuschneiden: 3 cm
breiter als der Kleiderbügel und 35–40 cm
lang, je nach Breite des Bügels
(im Beispiel: 28 x 37 cm).
3. Den Bügel am oberen Tuchrand auf die
linke Wachstuchseite legen und die Kontur
nachzeichnen.
4. Die Rückseite halb so lang wie die Vorderseite zuschneiden.
5. Die Teile rechts auf rechts aufeinanderlegen
und entlang der Markierung zusammennähen.
Eine Öffnung für den Haken lassen.
6. Den Überschuss abschneiden und das Teil
auf rechts wenden. Den Haken des Bügels
durch die Öffnung ziehen.
7. Eine Tasche zuschneiden: 8–10 cm breiter
als das Rückenteil und 25–30 cm lang, je nach
gewünschter Tiefe der Tasche.

8. Eine lange Seite der Tasche 1 cm umschlagen und absteppen. Danach die beiden
kurzen Seiten so einschlagen, dass die
Tasche genauso breit ist wie das Rückenteil.
Die Tasche mit Ziernähten versehen, siehe
Seite 115.
9. Die Seitenränder, den Boden und das
Rückenteil 1 cm umschlagen, ruhig mit
doppelseitigem Klebeband fixieren.
10. Die Tasche auf das Rückenteil legen
und an beiden Seiten 5 mm von der Kante
entfernt aufsteppen.
11. Links und rechts eine Falte legen und
den unteren Taschenrand annähen.

Tipp

Hier sind Briefe, Schlüssel, Handschuhe
und anderer Kleinkram ideal untergebracht.
Wenn die Tasche vorn noch ein Plastikfach
haben soll, muss dies vor dem Zusammennähen aufgesteppt werden.

Tasche mit Bullauge

So eine Tasche mit rundem Guckloch ist eine feine Sache. So sieht man immer auf den ersten Blick, was darin zu holen ist: wie zum Beispiel die Duplosteine in diesem gepunkteten Modell, das im Zimmer meiner Tochter hängt.

So wird's gemacht

1. Zwei Stücke Wachstuch à 42 x 52 cm zuschneiden.
2. Auf das eine Stück von links einen Kreis zeichnen. Den Kreis ausschneiden.
3. Ein Stück durchsichtiges Wachstuch zuschneiden, das die Öffnung abdeckt. Mit doppelseitigem Klebeband von links auf dem Wachstuch fixieren.
4. Die Teile von rechts mit 5 mm Kantenabstand entlang der Kreislinie zusammensteppen, siehe Seite 117.
5. Die beiden Taschenteile rechts auf rechts legen und die langen Seiten und den Boden zusammennähen.
6. Die Ecken abnähen, siehe Seite 112.
7. Auf rechts wenden und den oberen Rand 2 cm umschlagen. An der Kante entlang rundum absteppen.
8. Hier bestehen die Griffe aus gekauftem Band à 38 mm x 40 cm. In der Mitte zur Hälfte legen und an der Kante entlang absteppen. Die Griffe annähen, siehe Seite 120.

Tipp

Aus etwas festerem Wachstuch wird die Tasche stabil und standfest. Und wenn Sie sie an die Wand hängen möchten, reicht ein Griff vollkommen aus.

Fotoalbum

Als meine jüngste Tochter noch ganz klein war, nähte ich ihr ein kleines Foto-album aus Wachstuch. Genau das Richtige für klebrige kleine Finger, die alles anfassen wollen. Mit Fotos Ihrer Lieben dient es vielleicht dem Babysitter als erste Hilfe oder sorgt außer Haus für die Extraportion Geborgenheit.

So wird's gemacht

1. Vier Stücke Wachstuch im A4-Format (21 x 30 cm) zuschneiden.
2. Aus durchsichtigem Wachstuch acht Stücke à 12 x 17 cm zuschneiden oder fertige Kunststoffbeutel benutzen.
3. Auf jedes Stück Wachstuch zwei Einsteckfächer nähen, dabei je eine kurze Seite offen lassen.
4. Danach je zwei Wachstuchstücke links auf links mit 5 mm Kantenabstand zusammensteppen.
5. Die beiden jetzt doppellagigen Wachstuchstücke aufeinanderlegen und in der Mitte absteppen, sodass ein „Buch" entsteht.
6. Einen Streifen à 3 x 30 cm zuschneiden. Ein Band nähen, siehe Seite 121.
7. Das Band zur Mitte falten und mit der Faltkante in der Mittelnaht des Albums annähen.
8. Zum einfachen Schließen ein Stück Klettband an die Bandenden nähen.

Tipp

Hängen Sie das Album griffbereit im Kinderzimmer oder am Kinderwagen auf.

Haarband

Man glaubt es kaum – aber dieses Accessoire hat sich mein ältester Sohn
ausgedacht: Er wollte wohl die wilden Mähnen seiner Schwestern gebändigt
wissen. Und mir verschafft es im Bad freie Sicht auf den Spiegel.

So wird's gemacht

1. Ein Stück Wachstuch à 40 x 12 cm zuschneiden.
2. Rechts auf rechts auf ein Format von 40 x 6 cm
falten.
3. Die langen Seiten mit 5 mm Kantenabstand
zusammennähen. Auf rechts wenden.
4. Ein 20 mm breites Gummiband zuschneiden.
Als Länge den Kopfumfang plus 2 cm nehmen.
5. Das Wachstuch an einer kurzen Seite 1 cm nach
innen einschlagen. Das Gummiband 1 cm weit
hineinschieben und das Wachstuch möglichst
kantennah absteppen.
6. Das Haarband anprobieren. Das Gummiband
auf die passende Länge bringen und dann auf die
gleiche Weise an der anderen Seite annähen.

Die erste Handtasche

Mit sieben beschloss meine Tochter, dass sie sich jetzt ihre eigenen Taschen
nähen kann. Da haben wir uns dieses einfache Modell ausgedacht, bei dem sie
dann auch wirklich kaum Hilfe benötigte. So entstand ein ganzes Sammelsurium
an Taschen, an dem ihre kleine Schwester noch heute ihre helle Freude hat!

So wird's gemacht

1. Ein Stück Wachstuch à 15 x 25 cm zuschneiden.
2. Rechts auf rechts zur Hälfte falten.
3. Die kurzen Seiten mit 5 mm Kantenabstand
zusammennähen. Auf rechts wenden.
4. Ein Seidenband von ca. 75 cm Länge zuschneiden.
5. Den Rand der Tasche 1 cm umschlagen.
Dabei die Enden des Seidenbands unter den
Rand schieben. Mit Klebeband fixieren.
6. Rundum absteppen, gerne auch mit Zickzackstich.
7. Wer mag, näht zum Schließen der Tasche
einen Druckknopf oder Klettband an.

Tipp

Ein zu lang geratenes Band kürzen Sie einfach
mit einem schicken Knoten.

Lätzchen zum Umbinden

Für die Allerkleinsten gehört Herumpanschen zum Essen einfach dazu – Lätzchen kann man daher nie genug haben. Nehmen Sie dafür am besten ein relativ dünnes Wachstuch, das Sie in der Maschine waschen können. Dickeres Wachstuch können Sie zwar abwischen, das Einfassband weist aber meistens schnell hartnäckige Spuren auf.

So wird's gemacht

1. Die Vorlage auf Seite 124 auf das Wachstuch übertragen oder ein altes Lätzchen als Schablone benutzen.
2. Das Lätzchen ausschneiden. Da es eingefasst wird, ist keine Nahtzugabe erforderlich.
3. Danach die Tasche zuschneiden. Ihren unteren Rand an die Form des Lätzchens anpassen.
4. Den oberen Taschenrand 1 cm einschlagen und mit 5 mm Kantenabstand absteppen. Die Tasche auf das Lätzchen legen und beide Teile mit Zickzackstich zusammennähen. Dies erleichtert das Annähen des Einfassbands.
5. Den Halsausschnitt mit Einfassband einfassen.
6. Das restliche Einfassband in einem Stück annähen. Das Einfassband zunächst auf ca. 30 cm leer zusammenklappen und absteppen. Danach die Lätzchenkante rundum einfassen. Zum Abschluss das Band auf weiteren 30 cm zusammengeklappt absteppen – dieses Stück wird das zweite Schleifenband.

Lustige Knautschfiguren

Reststücke fallen immer an – wie wär's zur Abwechslung mal mit ein paar drolligen Fabelwesen? Nehmen Sie die Vorlagen auf Seite 125 als Grundlage oder lassen Sie Ihrer Fantasie freien Lauf. Ob Lieblingsspielzeug für Kleinkinder oder witzige Deko im Bad: Spaß machen diese knautschigen Gesellen allemal.

So wird's gemacht

1. Die Wachstuchteile rechts auf rechts aufeinanderlegen.
2. Die Vorlage auf die linke Wachstuchseite übertragen; eine Nahtzugabe ist nicht erforderlich. Ausschneiden.
3. Mit einer normalen oder einer Zickzackschere Augen und Mund ausschneiden. Von rechts auf eines der beiden Teile nähen.
4. Beide Teile links auf links aufeinanderlegen.
5. Mit Zickzackstich entlang der Kante zusammennähen. 5 cm offen lassen. Bei einem Dinosaurier oder Fisch die Zacken oder Flossen beim Zusammennähen der beiden Teile festnähen.
6. Die Figur bis zur gewünschten Festigkeit mit Füllmaterial füllen.
7. Die noch verbleibende Öffnung mit Zickzackstich verschließen.

Buchumschlag

Versehen Sie Ihre Lieblingsbücher mit einem ganz persönlichen Schutzumschlag. Angenehmer Nebeneffekt: Neugierige Blicke in Bus oder Bahn brauchen Sie nicht mehr zu kümmern.

So wird's gemacht

1. Das aufgeschlagene Buch auf das Wachstuch legen.
2. Die Kontur des Buchs aufzeichnen, dabei am oberen und unteren Rand je 1 cm zugeben.
3. An beiden kurzen Seiten je 5 cm zugeben.
4. Den oberen und unteren Rand je 7 mm umschlagen und ruhig mit doppelseitigem Klebeband fixieren.
5. Die beiden kurzen Seiten je 5 cm umschlagen. Ausprobieren, ob das Buch genug Platz hat.
6. Von rechts rundum möglichst kantennah absteppen.

Tipp

Nähen Sie aus durchsichtigem Wachstuch ein Fach für ein Namensschild auf den Umschlag. Zum Verschließen können Sie ein Gummiband annähen, oder Sie binden das Buch einfach mit einem hübschen Seidenband zu.

Utensilo mit nummerierten Fächern

Beim Nähen habe ich gerne viele Dinge griffbereit – im Weg herumliegen sollten sie dabei aber nicht. Eine Aufgabe, die dieser Ordnungshelfer mit Leichtigkeit löst. Versehen Sie die Fächer mit selbstklebenden Zahlen oder Buchstaben, die Sie selbst ausschneiden oder fertig kaufen.

So wird's gemacht

1. Aus Wachstuch die Rückwand à 23 x 83 cm zuschneiden.
2. Aus Wachstuch drei Taschen à 23 x 35 cm zuschneiden.
3. Eine lange Seite der Tasche 1 cm umschlagen und absteppen. Mit den beiden anderen Taschen ebenso verfahren.
4. Beide kurzen Seiten 6 cm umschlagen und möglichst nah an der Faltkante absteppen. Mit den beiden anderen Taschen ebenso verfahren, siehe Seite 115.

5. Die Taschen unten beginnend auf die Rückwand nähen. Die unterste Tasche kantengleich auf die Rückwand legen und mit 5 mm Kantenabstand aufsteppen. Auf der anderen Seite ebenso vorgehen.
6. Beide Seiten der Tasche zur Falte legen und den Boden mit 5 mm Kantenabstand auf die Rückwand steppen. Mit den beiden anderen Taschen ebenso verfahren.
7. Den oberen Rand der Rückwand 6 cm umschlagen und absteppen.
8. Zwei Ösen einschlagen, siehe Seite 123. Fertig zum Aufhängen!

Tipp

Einen Stiftesammler für die Wand nähen Sie wie einen Übertopf (siehe Seite 40). Bringen Sie zum Aufhängen eine Öse an.

Tricks und Kniffe

Schnell fertig, leicht umgesetzt – so macht mir das Nähen am meisten Spaß. Auf den nächsten Seiten finden Sie Tricks und Kniffe, mit denen sich so manches vereinfachen lässt. Die meisten Ideen in diesem Buch lassen sich vielseitig abwandeln. Ein anderer Boden, andere Griffe – schon sieht Ihre Tasche ganz anders aus. Lassen Sie sich also von den hier gezeigten Werken gerne zu eigenen Kreationen inspirieren.

Die besten Ideen kommen mir meistens beim Nähen. Zu dumm, wenn dann nicht alles zur Hand ist, um direkt zur Tat zu schreiten. Deshalb versuche ich, Gummiband, Klettband, Einfassband, Druckknöpfe und Ösen immer vorrätig zu haben. Von Garnen und verschiedenen Wachstuchen ganz zu schweigen. Ein toller Helfer ist doppelseitiges Klebeband, das im Gegensatz zu Stecknadeln keine Löcher hinterlässt. Zum Fixieren von Teilen können Sie auch Büroklammern verwenden. Das meiste benötigte Material finden Sie in Stoffläden und Kaufhäusern.

Reste sind zum Wegwerfen viel zu schade. Betrachten Sie sie doch einmal als potenzielle Brillenetuis, Etiketten oder Verpackungen für süße Kleinigkeiten. Und last but not least: Genießen Sie die Freude am Schaffen und lassen Sie Ihrer Fantasie freien Lauf!

Ecken abnähen

Mit diesem Trick bekommt Ihre selbst genähte Tasche im Handumdrehen einen geräumigen Boden. Je weiter Sie die Ecke von der Spitze entfernt abnähen, desto breiter wird der Boden. Die Fotos zeigen, wie es geht.

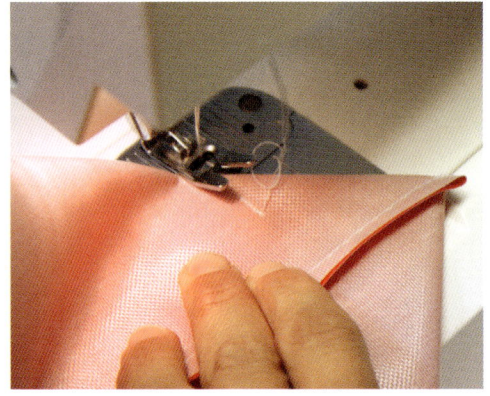

1. Zuerst die Seitennähte der Tasche oder des Beutels nähen. Dann wie abgebildet wenden und die Ecke quer abnähen; die Seitennaht liegt dabei in der Mitte.

2. Je größer das Dreieck, desto breiter der Boden.

3. Die Tasche auf rechts wenden: So sieht der Boden von innen aus.

4. Und hier sehen Sie den Taschenboden von außen.

Schuhbeutel

Bei diesem Beutel wird der Boden so genäht, dass innen besonders viel Platz ist.
Für Schuhe, Badesachen, diverse Kleinigkeiten … Besonders auf Reisen hat sich dieser
Beutel als ausgesprochen praktisch erwiesen.

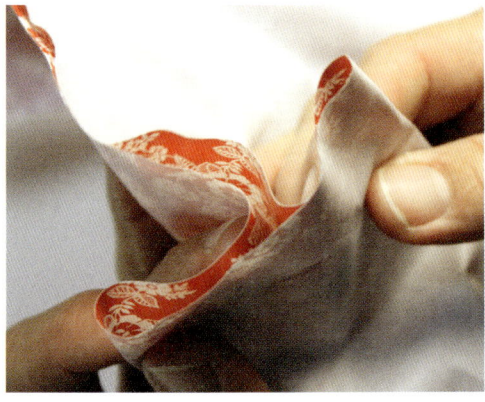

1. Den Beutel in einem Stück zuschneiden. Den
Boden so falten, dass das Wachstuch beidseitig
auf ca. 4 cm doppelt liegt.

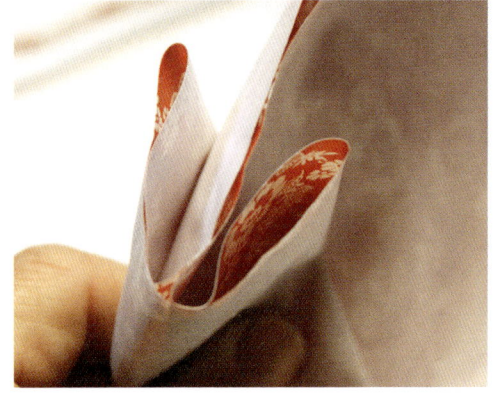

2. Die so entstandenen Falten kantengleich hochklappen; dabei darauf achten, dass der Umschlag
auf beiden Seiten gleich hoch ist.

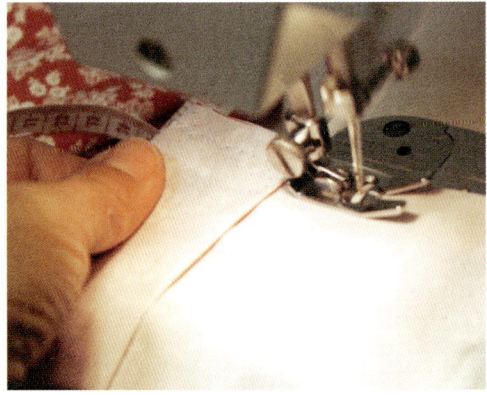

3. Die Seitennaht über den Umschlag führen und
diesen dabei gleichzeitig festnähen.

4. So sieht der Boden aus, wenn der Beutel auf
rechts gewendet ist.

Foto-Einsteckfach

Mit einem durchsichtigen Einsteckfach für Fotos wird Ihre Tasche zu einem sehr persönlichen Accessoire. Schneiden Sie für das Fach ein Stück aus durchsichtigem und ein etwas größeres Stück aus normalem Wachstuch zu. Nähen Sie das Einsteckfach auf die Außentasche, bevor Sie diese auf die eigentliche Tasche nähen. Wählen Sie die Größe von Fach und Außentasche ganz nach Wunsch.

1. Ein Stück durchsichtiges und ein etwas größeres Stück normales Wachstuch zuschneiden. Das durchsichtige Stück mittig auf das größere Stück legen und an drei Seiten aufsteppen.

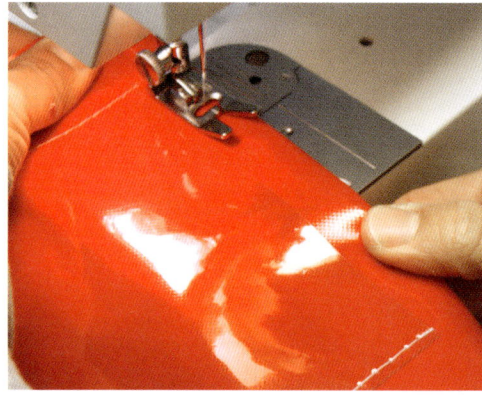

2. Eine Seite des größeren Stücks 1 cm umschlagen. Mit 8 mm Kantenabstand absteppen. Mit den anderen Seiten ebenso verfahren.

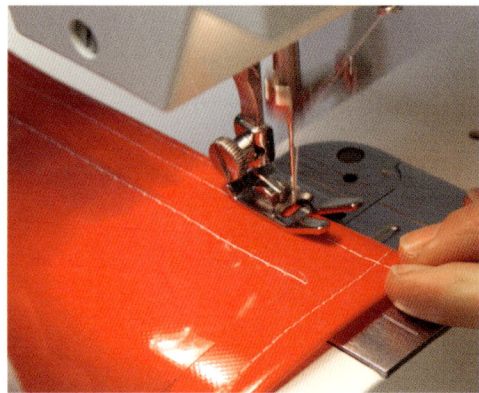

3. Am oberen Rand mit 3 mm Kantenabstand eine zweite Naht nähen.

4. Das Fach an den drei anderen Seiten mit 3 mm Kantenabstand auf die Tasche nähen. So erhalten Sie eine schöne umlaufende Doppelnaht.

Aufgesetzte Tasche mit Ziernähten

Die aufgesetzten Taschen eines Utensilos werden besonders stabil, wenn Sie sie mit Ziernähten versehen. Geben Sie dafür beim Zuschneiden der Taschenteile auf jeder Seite ca. 5 cm Breite zu. Natürlich können Sie die Tiefe der Tasche nach Wunsch variieren.

1. Die Taschen zuschneiden; dabei auf beiden Seiten ca. 5 cm Breite zugeben. Den oberen Rand säumen und die beiden kurzen Seiten 5 cm umschlagen. Möglichst nah an den Faltkanten absteppen.

2. Den Umschlag zurückklappen und beide Seitenränder der Tasche auf die Rückwand nähen. Die Seiten der Tasche so einschlagen, dass die Ziernaht auf dem Rand der Rückwand liegt.

3. Den Boden mit Geradstich zusammennähen. Dabei fixieren Sie gleichzeitig die durch die Falten entstandenen Seitenwände.

4. Das Ergebnis: eine aufgesetzte Tasche, die besonders stabil und geräumig ist.

Schürzentasche mit viel Platz

So eine Schürzentasche kann ruhig etwas großzügiger bemessen sein: So haben Sie z. B. immer genug Wäscheklammern zur Hand. Hier sehen Sie, wie Sie durch Falten des Wachstuchs viel Platz in der Tasche schaffen. Geben Sie beim Zuschneiden des Taschenteils 10 cm in der Breite zu.

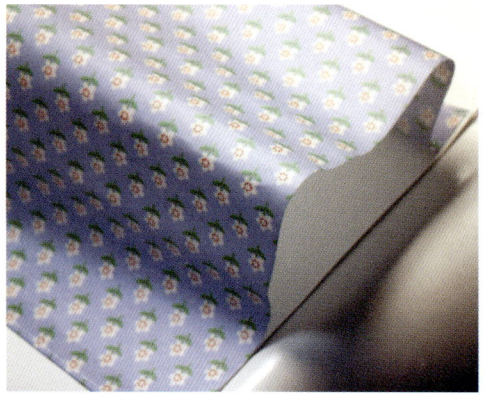

1. Den oberen Rand der Tasche 1 cm umschlagen und absteppen. Die Seitenränder 1 cm umschlagen und auf die Schürze steppen.

2. Den unteren Taschenrand in der Mitte in zwei Falten à 5 cm legen.

3. Die Falte mit einer Naht entlang dem unteren Taschenrand feststeppen.

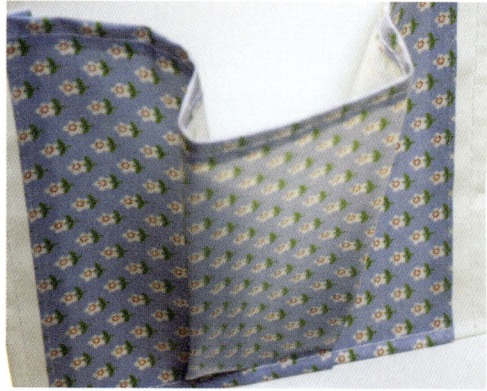

4. Fertige Tasche.

Rundes Fenster

Eine Tasche mit einem runden Fenster zu versehen ist eigentlich ganz einfach. Die Kante der Fensteröffnung ist später gut sichtbar: Achten Sie daher darauf, diese so schön wie möglich auszuschneiden. Fixieren Sie das durchsichtige Wachstuch vor dem Nähen mit doppelseitigem Klebeband.

1. An der gewünschten Stelle auf der Tasche einen Kreis auf das Wachstuch zeichnen. Als Vorlage leistet eine Schüssel gute Dienste. Den Kreis so sorgfältig wie möglich ausschneiden.

2. Aus durchsichtigem Wachstuch ein Viereck ausschneiden. Mit doppelseitigem Klebeband von links auf dem farbigen Wachstuch fixieren.

3. Von rechts möglichst kantennah zusammensteppen.

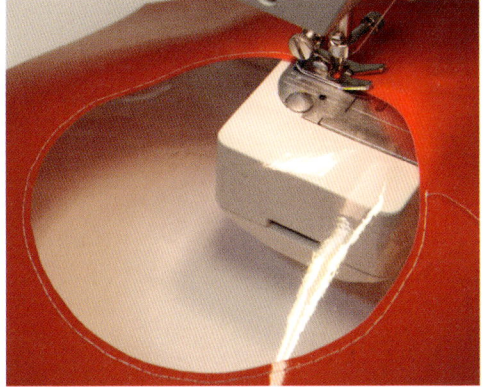

4. Rundum eine möglichst gleichmäßige Naht nähen. Mit Zickzackstich lässt sich manchmal ein schöneres Nahtbild erzielen.

Kissenbezug

Mit einem Bezug aus Wachstuch wird jedes Kissen garten- und sogar strandtauglich. Messen Sie zunächst das Kissen aus und geben Sie in der Länge ca. 15 cm zu. Dieses Stück wird später zum Schließen des Bezugs nach innen eingeschlagen. Rechnen Sie außerdem an beiden Längsseiten eine Nahtzugabe von ca. 1 cm hinzu. Bemessen Sie die Zugaben bei einem dickeren Kissen entsprechend großzügiger, damit dieses nachher auch wirklich in den Bezug passt.

1. Eine kurze Seite 1 cm umschlagen und absteppen.

2. Zuerst die gesäumte Seite entsprechend den Maßen des fertigen Bezugs umschlagen. Danach die andere Seite darüberlegen, sodass das Wachstuch dreilagig liegt.

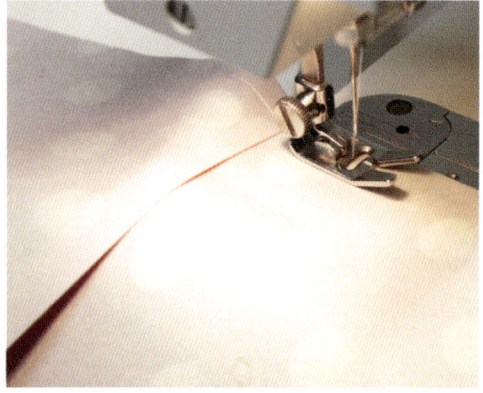

3. Die beiden Längskanten mit Geradstich zusammennähen.

4. Auf rechts wenden und das Kissen hineinschieben. Die in Schritt 1 gesäumte kurze Seite liegt jetzt außen.

Runder Boden mit Ziernaht

Beim Nähen eines runden Bodens empfiehlt es sich, die Runde mit einer Ziernaht abzuschließen. So brauchen Sie vor dem Nähen nicht auf den Millimeter genau zu messen, wie lang der Seitenstreifen sein muss. Hier sehen Sie das Prinzip am Beispiel eines Fahrradsattelbezugs. Genauso gut funktioniert es aber natürlich bei allen anderen runden Böden, z. B. von Übertöpfen oder Taschen.

1. Zunächst die Kante des Streifens 1 cm umschlagen. Den Streifen an das Bodenteil nähen. Am Ende der Runde die Streifenenden überlappen lassen.

2. So sieht es von außen aus.

3. Von rechts mit Geradstich quer über den Streifen steppen. Überstehendes Wachstuch von links abschneiden.

4. Und so sieht die Naht von rechts aus.

Griffe

Diesen Griff können Sie genau so kurz oder lang machen, wie Sie ihn gerne hätten. Nähen Sie zunächst den Griff wie hier beschrieben. Oder Sie nähen ein Band (siehe Beschreibung auf der nächsten Seite), das Sie entsprechend breiter zuschneiden. Danach wird der Griff mit einer dekorativen Kreuznaht an der Tasche festgenäht. Das ist stabil und sieht gut aus.

1. Ein Stück Wachstuch, z. B. à 50 x 4 cm, zuschneiden. Der Länge nach falten. Mit Geradstich zusammennähen, dabei aber an beiden Enden 10 cm offen lassen.

2. Den Griff an den Enden aufklappen und mit doppelseitigem Klebeband an der Tasche befestigen.

3. Mit einer Kreuznaht annähen.

4. Auf der anderen Seite ebenso vorgehen. Wenn Sie zwischen den Griffen eine zusätzliche Naht nähen, brauchen Sie später nicht so viele Fäden zu vernähen.

Schnell genähte Bänder oder Riemen

Schleifenbänder kann man kaufen oder ganz fix selbst nähen. Schneiden Sie einen langen Streifen in vierfacher Breite des fertigen Bands zu. Zusammenfalten und kantennah absteppen. Je weicher das Wachstuch, desto besser lässt sich das Band knoten. Aus breiteren Streifen können Sie so auch Griffe oder Schulterriemen nähen. Schneiden Sie den Streifen dann nur in doppelter Breite und mit 2 cm Nahtzugabe zu. Bei breiteren Griffen reicht ein Umschlag von 1 cm an beiden Längskanten.

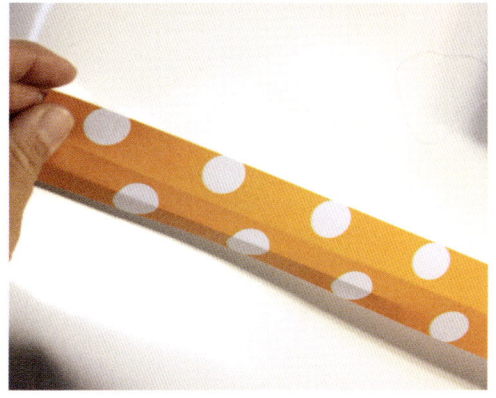

1. Einen Streifen in der gewünschten Länge und vierfachen Breite des fertigen Bands zuschneiden.

2. Wie abgebildet falten.

3. An der Kante entlang absteppen. Bei breiteren Griffen oder Schulterriemen sieht es besser aus, wenn auch die andere Kante abgesteppt wird.

4. Fertig ist das Schleifenband.

Kordelstopper

Einen solchen Kordelstopper zu nähen dauert nicht lange, kann aber ein wenig knifflig sein. Wenn der Stopper für eine dickere Kordel gedacht ist, sollte er nicht zu schmal bemessen sein. Machen Sie ihn passend zur Tasche aus dem gleichen Wachstuch, oder lassen Sie ihn als bunten Farbtupfer wirken.

1. Für eine relativ dicke Kordel ein Wachstuchquadrat à 10 x 10 cm zuschneiden. Das Quadrat rechts auf rechts zur Hälfte falten und mit 1 cm Nahtzugabe zusammennähen.

2. Auf rechts wenden und auf beiden Seiten 3 cm als Futter einschlagen.

3. Mit der Naht in der Mitte flach hinlegen. Genau auf der ersten Naht eine zweite nähen.

4. Mit eingezogener Kordel.

Ösen einschlagen

Es gibt unterschiedlich große Ösen aus Metall und Kunststoff. Sie bestehen aus Öse und Scheibe, die mit speziellem Werkzeug zusammengefügt werden. Bastelgeschäfte bieten Ösen oft zusammen mit einfachem Werkzeug und einer Beschreibung an. Verwenden Sie häufig Ösen, lohnt sich vielleicht ein hochwertigeres Werkzeug. Schlagen Sie Ösen immer in doppelt liegendes Wachstuch ein. Oder verstärken Sie die Rückseite mit einem zusätzlichen Stück Wachstuch. Lochzange oder Stanzdorn eignen sich auch zum Stanzen dekorativer Lochmuster.

1. Mit einer Lochzange oder einem Stanzdorn ein Loch stanzen. Das Loch nicht zu nah an der Kante platzieren. Am besten auf einem Holzbrett arbeiten.

2. Von einer Seite die Öse und von der anderen die Scheibe auflegen. Den Metallstab in der Mitte der Öse aufsetzen.

3. Kräftig mit einem Hammer auf den Stab schlagen. An eine feste Unterlage denken.

4. Fertig!

Schürze (Seite 32 und 44)

1 Kästchen = 1 cm

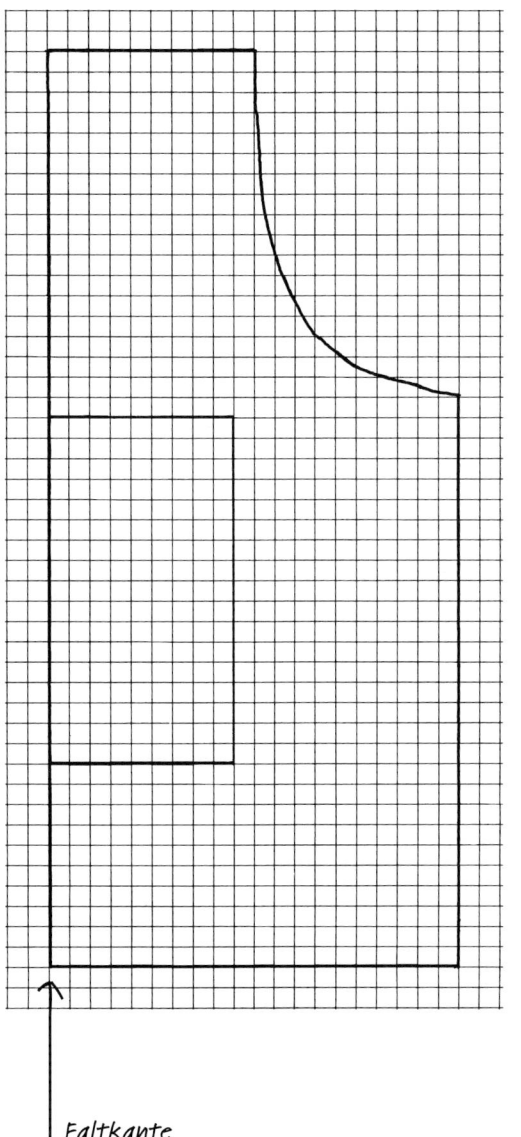

Faltkante

Lätzchen (Seite 102)

1 Kästchen = 1 cm

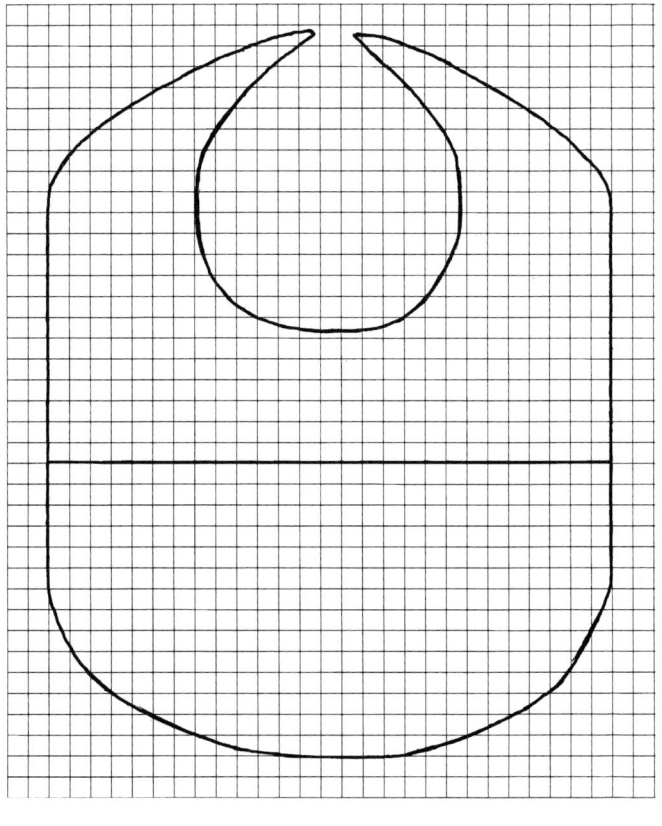

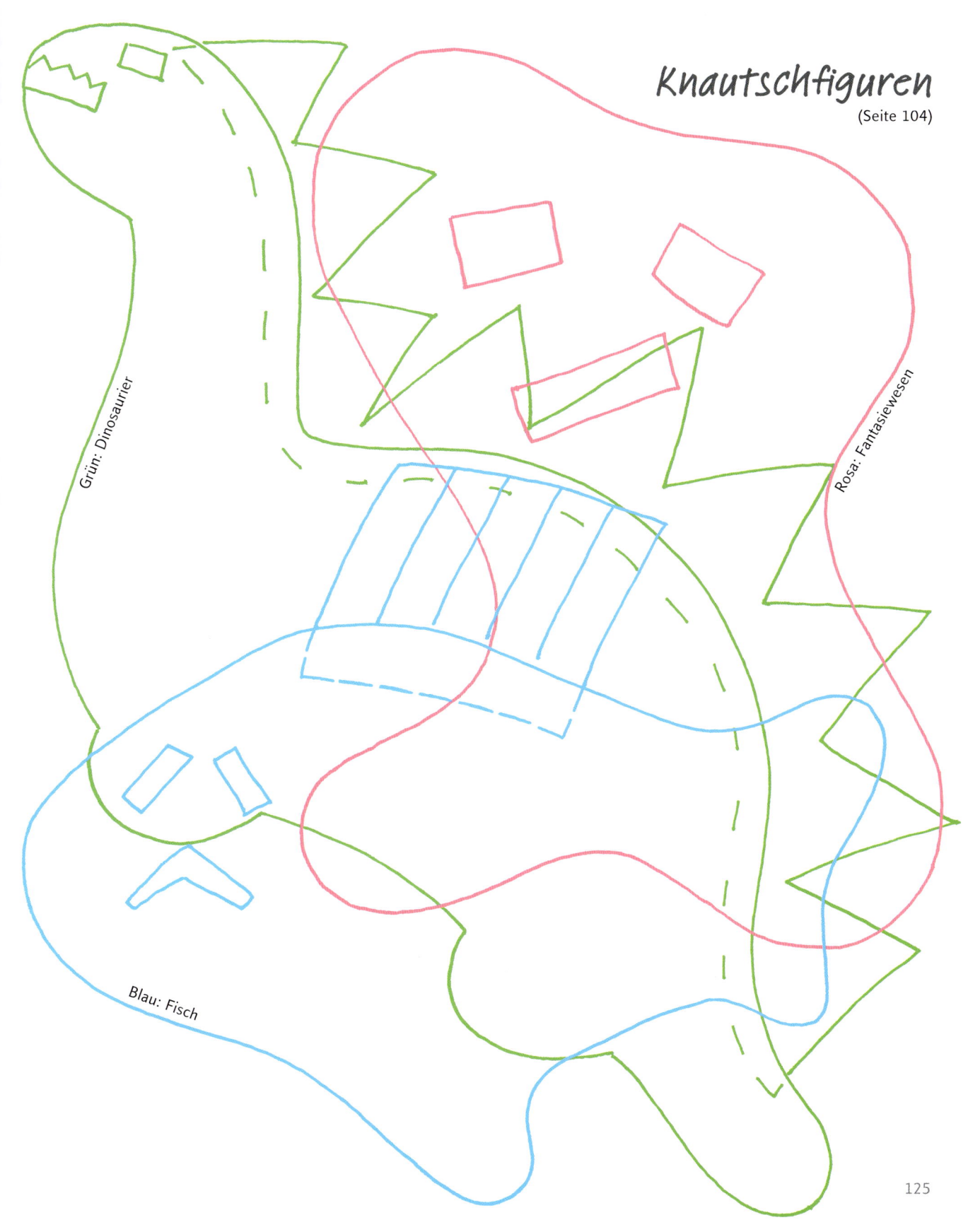

Knautschfiguren
(Seite 104)

Grün: Dinosaurier

Rosa: Fantasiewesen

Blau: Fisch

125

Alice

Sven

Jack

Kalle

Wir danken allen Models, Statisten,
treuen Fans und Ideenspendern
für Eure tolle Mithilfe bei diesem Buch!

Stella